2

列王纷争

君玉离 萧十二 编著

浙江工商大学出版社
ZHEJIANG GONGSHANG UNIVERSITY PRESS
·杭州·

图书在版编目（CIP）数据

春秋 / 君玉离，萧十二编著 . —杭州：浙江工商大学出版社，2022.9

（有料更有趣的朝代史 / 胡岳雷主编）

ISBN 978-7-5178-4832-5

Ⅰ.①春… Ⅱ.①君… ②萧… Ⅲ.①中国历史—春秋时代—通俗读物 Ⅳ.① K225.09

中国版本图书馆 CIP 数据核字（2022）第 021191 号

春 秋
CHUN QIU

君玉离　萧十二　编著

责任编辑	王　耀　张晶晶
责任校对	何小玲
封面设计	吕丽梅
责任印制	包建辉
出版发行	浙江工商大学出版社 （杭州市教工路 198 号　邮政编码 310012） （E-mail: zjgsupress@163.com） （网址：http://www.zjgsupress.com） 电话：0571-88904980，88831806（传真）
排　　版	北京东方视点数据技术有限公司
印　　刷	唐山富达印务有限公司
开　　本	787mm×1092mm　1/32
印　　张	28
字　　数	536 千
版 印 次	2022 年 9 月第 1 版　2022 年 9 月第 1 次印刷
书　　号	ISBN 978-7-5178-4832-5
定　　价	198.00 元（全四册）

版权所有　侵权必究

如发现印装质量问题，影响阅读，请和营销与发行中心联系
联系电话　0571-88904970

目 录

第一章 前仆后继，内乱初定霸业成

晋国崛起 _ 003

娶错老婆，后果也很严重 _ 011

周游列国十九年 _ 019

秦晋之好 _ 027

晋文公的大脑"卡壳"了 _ 035

第二章 苦尽甘来，兴衰不过砍头间

退避三舍 _ 047

又一个霸主出炉了 _ 055

都得听我的 _ 061

晋襄公继霸 _ 069

别杀我，我很无辜 _ 077

先君的一票否决权 _ 084

第三章　秦晋之好，和谐的几种面孔

养马养出个诸侯国 _ 095

五张羊皮换一个大夫 _ 103

国君被俘怎么办 _ 110

秦军其实很胆小 _ 117

放虎归山 _ 125

秦穆公的"西进运动" _ 132

交交黄鸟，三良从葬 _ 139

筚路蓝缕，楚国源起 _ 146

荆楚第一王 _ 154

当了诸侯王也得挨鞭子 _ 162

向北开拓 _ 169

不纳谏我就杀了你 _ 177

第四章　问鼎中原，一鸣惊人的凤鸟

不鸣则已，一鸣惊人 _ 187

两千年前的一场模仿秀 _ 194

问鼎中原 _ 201

命中注定的事 _ 206

新一任霸主又出炉了 _ 213

第一章

前仆后继，内乱初定霸业成

晋国崛起

齐国的称霸大业随着齐桓公的去世戛然而止,宋襄公的求霸梦想也在泓水之战中湮灭无痕,然而中原诸侯不会长久群龙无首,一个新崛起的诸侯国——晋国在历史舞台上扮演了重要角色。

晋国始出于周成王弟唐叔虞。

《史记》记载,周武王一日梦见天帝将赐予他一个儿子,名字叫作虞。《左传》记载:"邑姜方娠太叔。"根据各代记载考证，邑姜乃姜太公吕尚之女，后为周武王姬发的王后，一日梦见上天对自己说："余命女生子，名虞，余与之唐。"不久之后，果然产下一子，手上有一"虞"字，即后来的唐叔虞。周武王去世后，年幼的成王继位，一日，成王和虞玩耍，将一片梧桐叶撕成玉圭的形象交给虞，戏言将封他为唐国的国君，此时，成王身边的史官以君无戏言为由立即要求给虞备车马赴唐国就任，这就是唐叔虞的来历。

唐叔虞的儿子晋侯燮父徙居晋水，把唐国改名为晋国。五世之后的晋靖侯年代，晋国的历史开始有了准确的记载。而此时，天下风起云涌，国人暴动，世道颇为不太平，晋国就在这个时代开始崛起。

晋靖侯的重孙晋穆侯有两个儿子，长子名仇，少子名成师，据传晋人师服曾预言，两子之名嫡庶颠倒，预示晋国将有一场动乱。晋穆侯死后，其弟殇叔自立为君，太子仇出奔，内乱开始。仇就是后来的晋文侯。此时，西周被犬戎所灭，中国历史正式进入春秋时代。

《史记》载："平王之时，周室衰微，诸侯强并弱，齐、楚、秦、晋始大，政由方伯。"由此可见，晋国在春秋初期已经有所壮大。晋文侯仇去世之后，其子昭侯伯即位，将其叔师分封到曲沃城不久，晋国发生动乱，晋昭侯被人杀死，公子成师有意夺权，未果。

公子成师之后，其孙曲沃武公开始继续和晋国国君进行主宗的争夺，"曲沃武公伐晋侯缗，灭之，尽以其宝器赂献于周釐王。釐王命曲沃武公为晋君，列为诸侯，於是尽并晋地而有之"。鲁桓公二年（公元前710年），曲沃武公率兵进入陉庭，联合陉庭同晋国对抗，并于第二年春天俘虏了晋哀侯。但是由于没有得到周王室的正式承认，虽然此时曲沃武公的势力早已经超过晋国，武公还是没能够登上晋国君主的位置。是年，周恒王下令虢仲讨伐曲沃武公，武公败退曲沃。

此后经过28年的积蓄，曲沃武公最终再次发动讨伐晋国的战争，最终攻陷晋国首都翼城，杀死晋侯。曲沃武公把缴获的晋国宝器都献给周釐王，以求得继承权的合法。收受武公贿赂的周天子遂授予其晋国君主的称号，即晋武公。也正是晋武公的努力，使得晋国的实力大大增强，为后来春秋争霸中占有有利地位奠定了基础。

武公死后，其子晋献公即位。此时，晋国的东方，齐桓公势力已经相当强大。晋献公是一位十分有作为的国君，在他的带领下，晋国开疆辟土，先后伐灭霍、魏（此魏非战国之魏国，却是其龙兴之地）、耿等诸侯国。"西有河西，与秦接境，北边翟，东至河内"。

而晋献公最为人所熟知的是其讨伐骊戎时，娶美女骊姬及其妹。骊姬后生一子，当时的太子为申生，骊姬想设法使晋献公废太子立自己所生的儿子为太子。除太子申生以外，公子重耳和公子夷吾都是献公成年的儿子，且有较好的品性、能力，深得世人喜欢。骊姬设法将太子申生先调离都城，后设计使晋献公对太子申生产生间隙，申生最终自杀而亡。骊姬后又恐重耳、夷吾对自己的儿子构成威胁，遂以"公子重耳和公子夷吾和太子同谋"之罪要晋献公赐死二子。公子重耳、夷吾为避灾祸，先后逃亡。不久晋献公用假途灭虢的计策灭亡了南边的虢国和虞国，奠定了晋国成为春秋时期大国的基础。

献公死后，骊姬之子奚齐即位，随即被大臣

里克杀死。最终，夷吾通过秦穆公的帮助回归晋国，成为晋惠公。晋惠公随后处死里克，并且对国中许多大夫大开杀戒，失去民心。

晋惠公即位后，遇荒年，秦国以大米相助，次年，秦国饥荒，晋国却以怨报德，趁机攻打秦国，大败而归，晋惠公被俘。秦穆公的夫人为晋惠公之姐，经过一番求情后，秦国释放晋惠公，以太子圉当质子。后圉私自逃回晋国。晋惠公薨，太子圉立，是为晋怀公。

而此时晋献公之子重耳还在逃亡。重耳逃亡期间，路过卫国，饥寒交迫，向一位农夫乞讨，农夫给了他一把黄土，重耳很生气，认为农夫是在戏弄他，随从狐偃则说道："这是上天要赐给我们土地啊！说明我们复国在望。"重耳意会，随后从农夫手中接过土块，继续前行。终于皇天不负有心人，鲁僖公二十四年（公元前636年），重耳得到秦国的帮助,秦穆公委派公孙枝率领秦军三千,保护重耳重返晋国。因为重耳早已声名在外,国内拥护者甚多,于是重耳杀死晋怀公,即位,是为晋文公。

据《国语》记载,晋文公即位后励精图治,任用贤才、修明政务、奖惩分明,是公认的好君主。他采取了一系列改革措施,"安排百官,赋职任功,弃责薄敛,施舍分寡。救乏振滞,匡困资无。轻关易道,通商宽农。政平民阜,财用不匮"。晋文公对晋国的崛起起着至关重要的作用。

晋文公死后,其子晋襄公继位。随后秦晋两国友好关系破灭,晋襄公死后,年幼无知的晋灵公即位。此时,晋国的实力开始下滑。

随后晋成公、晋景公即位。春秋争霸剑拔弩张,楚庄王成为当时的霸主,齐国不断向晋国发起挑衅,随后两军在鞍决战,晋国打败齐国,将三军编制为六军，这些军队的领军成了以后在晋国专政的六卿，是为三军六卿。

公元前403年，周天子封韩、赵、魏三家为诸侯，战国时代开始，晋国名存实亡，公元前349年，韩、赵两国杀晋君，晋亡。

娶错老婆，后果也很严重

鲁庄公二十二年（公元前672年），晋献公发兵讨伐骊地的戎人，在晋国大军的冲击之下，骊戎很快溃败，于是便向晋国求和，并将首领的两个女儿骊姬姐妹献给了晋献公。由于骊姬美貌娇艳，很快就得到了晋献公的宠爱，并且逐渐参与朝政，几年以后，骊姬和妹妹先后为晋献公生下了公子奚齐和公子卓子，骊姬还被立为了夫人。

此前，晋献公的夫人、齐桓公的女儿齐姜和后来从狄人那里迎娶的大戎狐姬和小戎子分别为他生下了申生、重耳、夷吾三位公子，而申生身为嫡长子，早早就被立为太子。但是齐姜早逝，而骊姬深得晋献公的宠爱，见申生没有生母庇护，又不得晋献公的喜爱，于是便想劝晋献公废掉申生，立自己的儿子奚齐为太子。

但是骊姬明白，仅仅除掉申生还不够，如果让比奚齐年长的公子重耳和公子夷吾得到太子之位，那么自己只是白白地为人作嫁。于是她首先贿赂献公宠臣，让他们在献公面前大造舆论说：曲沃是晋君宗庙的所在地，必须让太子居守，而蒲城和南、北屈与戎狄的领地很近，需要可靠之人驻守，请派两位公子分别前往守卫。晋献公听了他们的话，遂让申生离开国都绛城，去了曲沃，又将公子重耳和公子夷吾分别派往蒲城和屈城。

骊姬找借口支走了三位公子,隔绝了献公与他们的直接联系,切断他们父子间的沟通渠道,自己却不曾出面,掩饰了她的险恶用心。然后她又在半夜给献公吹"枕边风":"我听说,申生很会收买人心,恐怕要对您行凶,夺取王位啊!"献公眉头一皱,摇头说:"他如此爱百姓,怎能不爱他自己的父亲呢?"骊姬见晋献公虽然并不喜爱公子申生,但是出于父子之情,仍然十分信任他,便针对这一点,使出了另一个计策。

骊姬又向献公提议让申生回都城住几天,说是要向申生示之以德,融洽君臣关系。申生来宫中和骊姬吃过几顿饭后,骊姬就向献公泣告说,申生饮酒时曾调戏她。献公不太相信,骊姬遂安排说她可以和太子一起去游园,让献公在台上观察。

第二天,骊姬叫申生和她一起游玩。骊姬先

在头发上涂了蜂蜜,使蜜蜂都聚集在她的头发旁边。骊姬说:"请您帮帮我,赶走它们好吗?"申生不知是计,就轻率地站在她的身后用袖子在她头上拂来拂去地赶蜜蜂。晋献公看见了,以为申生真的是在调戏自己的宠姬,没想到申生居然这样不顾念父子之情,心中的愤怒到了极点,想马上就把太子杀了。骊姬跪下来恳求说:"我叫太子回来,他却被杀,是我害了他。而且宫廷里的这些事,外人不知道,就忍忍吧。"骊姬设计点燃献公蓄怒的导火索,却又为申生说好话,这是为了洗清自己陷害的嫌疑,破坏了申生与晋献公的父子之情,骊姬马上就要使出致命一击了。

一天,骊姬派人到曲沃去告诉申生:"国君梦到了你母亲齐姜,你应该尽快祭祀她。"此时申生并不知道骊姬几次三番暗害他的事,还以为她是告诉他如何讨好父亲,于是赶快在曲沃举行典礼,祭祀齐姜,然后将祭肉送回国都,进献给晋献公。当时晋献公正在郊外打猎，使者就将祭肉送到了夫人骊姬的宫中，骊姬趁此机会在肉中下了毒。

几天以后，晋献公打猎归来，骊姬将祭肉端出来，告诉晋献公这是公子申生祭祀齐姜的祭肉。晋献公很高兴，就打算食用，骊姬又忽然想起来似的从旁制止道："这肉是从宫外来的，请先验毒。"晋献公就派人割下一块肉去喂狗，发现狗竟然口吐白沫、抽搐着倒毙了，又找了个宦官食用，宦官也随即死于非命。晋献公大惊失色，一时反应不过来发生了什么事，骊姬在一旁大哭："这是太子的狼子野心啊！"

晋献公大怒，认为这是申生的老师杜原款教坏了自己的儿子，便命人杀了杜原款。有人劝申生："您是无辜的，为何不逃离晋国？"申生说："我不能逃走，我走了，这罪名必将落在国君的头上，宣扬父亲的过错，必将贻笑诸侯，又有谁会愿意收留这样的人呢？逃走会加重自己的罪过，国君如果要我死我也不应逃避，我就在此伏首等待命运的安排，绝不逃走。"

申生不肯离开晋国，而晋献公也犹豫不决，不忍心杀死自己的儿子，骊姬见此事陷入僵局，但是夜长梦多，会有变故发生。于是便亲自去见申生，泪流满面地指责他："你竟然对自己的父亲做出如此残忍的事，又怎么可能用仁爱之心对待百姓呢？杀死自己的父亲来求得好处，人人都会唾弃你，你还想长命百岁吗？"

申生听了骊姬的话，以为父亲已经认定自己投毒弑父，再无洗雪沉冤的希望，又想到以后人人都会鄙夷他是弑父弑君之人，天下再无立足之地。在悲愤与绝望的双重打击下，申生再也不想活在世上，便在宗庙之中上吊自杀了。申生临死之前派人找到自己的外祖父、大夫狐突传话说："申生有罪，没有听从您的话，以致今日自蹈死地。如今申生不敢贪生怕死，只是国君年迈、国家多难，您如果能够出山辅佐国君，申生虽死无憾。"

骊姬如愿以偿地逼死了太子申生，就将矛头对准了公子重耳和公子夷吾，她私下对晋献公进谗言说重耳和夷吾都参与了申生毒害父亲的阴谋。申生之事对晋献公的打击很大，他再也不敢相信任何一个儿子，于是派奄楚去杀重耳，重耳便出逃到了北狄；又派贾华去杀夷吾，夷吾流亡到了梁国。晋献公将自己的儿子一个个地赶走了，便将奚齐立为太子。从此以后，晋国公室衰微，无力抑制卿大夫的势力，为后来赵、魏、韩三家卿大夫瓜分晋国埋下了隐患。

晋献公去世之后，大夫们不服公子奚齐即位，想要迎立公子重耳回国为君，于是集合了三位公子遗留在晋国的部下，杀死了奚齐和卓子。重耳见国内局势混乱，不敢贸然回去，于是公子夷吾在秦国的帮助下回国即位,是为晋惠公。但是晋国的武公、献公殚精竭虑、惨淡经营出的一时兴盛就此消逝,国内陷入一片动乱,晋国的复兴和称霸还有很长的路要走。

周游列国十九年

公子重耳受到骊姬的陷害,他的舅舅狐毛、狐偃和大夫赵衰、魏犨、颠颉、胥臣、介子推等贤臣一起保护他逃出了晋国,他们首先来到了重耳母族的国家狄国。狄国国君对重耳一行人十分欢迎,正好狄国战胜了赤狄的一支廧咎如,便将俘虏来的廧咎如首领的两个女儿叔隗和季隗送给了重耳。重耳娶了妹妹季隗,将姐姐叔隗送给了赵衰,后来在晋国权倾一时的赵盾就是她的儿子，重耳在狄国一住就是十二年。

申生去世之后，重耳就是晋献公的长子，而且素有贤名，在晋国声望很高。晋惠公即位以后，担心兄长会回国来与他争夺国君之位，便派人去刺杀重耳。大夫狐偃便劝重耳说："咱们选择到狄国来，是因为这里路途近，而且容易获得帮助。可是如今在这里住得太久了，容易消磨志气，现在应该离开了。当初不选择齐国、楚国，是因为它们太远，现在我们筹备了十二年，正好可以远行。齐桓公年纪大了，而且想笼络晋国，如今管仲已死，齐桓公身边多是奸佞之臣，他一定会寻求像管仲一样的贤人，咱们不妨去投奔齐国。"众人听了都觉得狐偃的话很有道理，于是便离开狄国，到齐国去。

从狄国到晋国路上需要经过卫国，但是晋国之前曾经与卫国结怨，而且重耳一行人又是自与卫国有亡国之仇的狄国来的，卫文公根本就不按照礼制接待他们。于是他们只好向郊外的农民要食物,农民知道他们是从狄国来的,也不愿意接济他们,就随手捡了土块递给重耳。

重耳自幼娇生惯养,哪里受过这样的羞辱?扬起鞭子就要鞭打农民。狐偃一看自己一方势单力孤,如果在卫国的领土上殴打卫国人,就将一发不可收拾了,于是连忙拉住了重耳的手说:"土就是领土,就是国家,这是上天赐给您的好兆头啊!"重耳听了转怒为喜,对着农民大礼参拜,然后接过他手上的土块上车离开了。

到了齐国以后,齐桓公果然对重耳一行人十分礼遇,为了笼络重耳,齐桓公还将宗室女子齐姜嫁给了重耳为妻,又赠了八十匹马给重耳。经过了长期的流亡,又在蛮荒落后的狄国住了多年,重耳终于再次在大国繁华的都城拥有了自己的财富和家室,还享有国君的厚待,他心满意足,就想在齐国长期住下去,不再回晋国去了。

随行的大夫们认为齐国虽好,但终究不是自己的祖国,应该回到晋国去,才能获得真正的荣华富贵,给自己的家族带来荣耀。于是他们便聚集在桑树下面商议如何劝重耳不要贪图享乐,尽快离开齐国,谁知此时正好有一个采桑女在树上采桑,把他们的议论听得一清二楚。等众人散去,采桑女才悄悄离开,赶快找到齐姜,告诉她重耳的大臣们正在图谋让重耳离开齐国,离开齐姜。

齐姜是一位深明大义的女子,她知道对于重耳来说更好的发展应当是回到晋国,但是如果重耳享受着齐国的俸禄却在筹谋离开齐国之事,一定会被治罪。于是齐姜杀掉了那个采桑女,然后找到重耳说:"大丈夫志在四方,我知道你要走了,放心,我已经将知情者杀掉了。"重耳连忙说:"这话从何谈起,我从来没有想过要离开齐国。"齐姜说:"你走吧,耽于逸乐非君子所为,传出去会被人耻笑的。"齐姜苦口婆心地反复劝说,但是重耳就是坚决不肯离开。

于是齐姜找到了狐偃一起商议对策,将重耳灌醉了,然后连夜送出城外。重耳醒了之后,发现自己不在齐都的府邸中,却在奔驰的马车里,知道自己在齐国享有的一切都不得不丢弃,必须再次踏上朝不保夕的流亡生涯,心中十分气愤。便拿了武器追着狐偃要杀他,狐偃和其他人拉住了他好言相劝,这才继续上路了。

不久以后,重耳等人来到了曹国,曹共公听说重耳的肋骨长得与平常人不同,是连成一片的,很是稀奇,便想看一看。但是这样做于礼不合,是对别人极大的侮辱,于是曹共公就趁重耳洗澡的时候偷偷地凑近了去看。

曹国的大臣僖负羁知道了此事就回家去与妻子商量,他的妻子说:"依我看来,晋国公子的随从都是足以担任一国之相的人才,他们这样的人一定会有回到晋国的一天。他们一旦回到晋国，晋国就能兴盛起来，到时候就会讨伐对他们无礼之人，曹国将首当其冲。你还是早做准备，为自己留一条退路吧。"于是僖负羁就准备了美食和玉璧送给重耳，向他示好。重耳知道了曹共公的行为十分生气，于是收下了食物，却送回了玉璧，没过几天就离开了曹国。

重耳一行人先后经过了宋国和郑国，然后就到了楚国，楚成王以很高的规格盛情接待了重耳一行。席间，楚成王得意洋洋地问重耳："公子若能返回晋国，将如何报答寡人呀？"重耳说："美女玉帛，大王都已经有了；羽毛、皮革这些更是楚国的特产，晋国有的这些东西都是远路从楚国购买您用剩下的，我实在不知道应该用什么来报答您了。"

楚成王说："那么公子打算如何报答寡人呢？"重耳说："如果托您的福，我日后能够返回晋国，那么有朝一日晋、楚在中原交战，晋国军队必将退避三舍。如果到时候还是不能得到您的谅解，那么我只能与贵国军队刀兵相见，好好周旋一番了。"

晋国的令尹子玉听到重耳流亡落魄多年，竟然还敢在楚国的土地上口出狂言，认为此人不除必定是楚国的后患，于是请楚成王杀死重耳。楚成王说："晋公子为人宽厚俭朴、温文有礼，他的随从们也端肃严整、忠诚能干。晋国的复兴就在他的身上了，这是上天的庇佑，如果违背天意，必将惹来祸端。"

重耳在楚国住了几个月，忽然有秦国的使者来请他到秦国去。之前秦国派兵护送晋惠公回国即位，晋惠公却没有按照之前的约定将黄河以南的河外一带割给秦国。后来秦国发兵讨伐晋国，俘虏了晋惠公，得到了河东一带的土地，经过和谈，秦国放回了晋惠公，只要求晋惠公的太子圉到秦国为质。谁知没过几年,太子圉竟然悄悄逃回了晋国继位,是为晋怀公,晋怀公即位以后立即宣布与秦国断绝往来,连秦穆公嫁给他的女儿怀嬴都弃之不顾。

秦穆公对于晋惠公父子毫无信义的行为十分生气,便图谋在流亡各国的晋国公子中再扶立一个亲秦的回国即位。听说公子重耳流亡十数年,却很得人心,在晋国也有很大的影响力,于是便选中了重耳。楚成王见子玉一定要杀重耳,而自己既不想杀他又不愿意得罪子玉,正好秦国来接,便对重耳说:"寡人虽然想送公子回国,但是两国相隔太远十分不便,实在是有心无力。秦晋两国相邻,而且秦君也十分贤明,公子不如去秦国寻求帮助吧。"就这样公子重耳就拜别了楚成王,踏上了西去之路。

养正图册·晋文公结履 清·冷枚

晋文公复国图（局部）

秦晋之好

重耳到了秦国以后,秦穆公对他极尽礼遇,还将五个宗室女子送给重耳,其中还包括曾经嫁给晋怀公的怀嬴。重耳此时已经六十多岁了,与秦穆公年龄相仿,耻于娶他的女儿为妻;更何况怀嬴是重耳侄子的妻子,如果娶了她就是叔夺侄妻,更加于礼不合,因此不愿意接受这桩婚姻。

大夫胥臣劝他说:"您到秦国来是打算寻求

秦国的援助，回去将晋国从围手中夺回来，今日夺了他的妻子又有何顾忌呢？况且今日我们为了回国而到秦国来，已经十分没有面子了，何必因为拘泥小节而放弃目标呢？"于是重耳便娶了怀嬴。

一次秦穆公设宴款待重耳，狐偃说："我不如赵衰言辞敏捷，请带赵衰去赴宴吧。"席间，重耳吟诵了《诗经》中"河水洋洋，北流活活"的诗句，表示自己对秦穆公的仰慕之情。秦穆公则吟诵记叙周宣王当年北伐獮狁事迹的《诗经·小雅·六月》一诗，暗示自己愿意支持重耳回国即位，让他有机会辅佐天子、匡扶王室。赵衰听出了秦穆公的言外之意，立即以重耳的口吻说："重耳拜赐！"重耳也降阶以稽首之大礼拜谢，秦穆公也降一阶回礼，赵衰又代重耳说："国君以辅佐天子的大任勉励重耳，重耳岂敢不拜！"

秦穆公见重耳对自己如此恭敬，又懂得感

恩，应该不会像晋惠公父子那样忘恩负义，于是便决定送重耳回国。而且晋怀公即位以后，在晋国很不得人心，他担心重耳在外会威胁自己的地位，便命令追随重耳在外的大臣们的家人将他们都召回来，否则就杀其全家。重耳的外祖父狐突不愿意召回狐毛、狐偃两个儿子，并且说："子之能仕，父教之忠；父教子贰，何以事君！"坚持不肯召回二子，就被晋怀公杀害了。

狐突在晋国是地位崇高的老臣，公子申生、重耳和夷吾都是他的外孙，而且狐突是为大义而死，众大臣都十分悲愤，更加与晋怀公离心离德，希望重耳能够回国。大夫栾、郤等人听说重耳到了秦国，都暗地里派人来劝重耳带赵衰等人回国，并且答应在晋国做内应。

鲁僖公二十四年（公元前636年），秦穆公亲自率军护送重耳回国。到了黄河岸边，秦穆公分一半人马给重耳，自己留一半人马在黄河西岸接应。上船的时候，公子重耳的随从把流亡时用的物品全都搬到船上，一样也舍不得扔掉。重耳见了说："我回去做国君，要什么有什么，还要这些破破烂烂的干什么？"说着吩咐人们把旧物都扔在岸上。

重耳的舅舅狐偃把这一切看在眼里，心中十分难过。他想，公子未得富贵，先忘贫贱，将来怎么会是个好君主？于是，他捧着自己的玉璧对重耳说："如今公子过河，对岸就是晋国。你内有大臣，外有秦国，我就留在这里吧。"

重耳一听，十分诧异地说："我全靠你们帮助，才有今日。大家在外面吃了十九年的苦，现在回去，有福同享，你怎能不回去？"

狐偃说："我这么多年来追随您巡游天下，犯下的过错无数，我自己都知道，您更是看在眼里。以前公子在患难之中，我还有些用处，现在公子回去做国君，自然另有一批新人辅佐。我们就好比这些旧物,不仅破旧不得用,更会让您想起以前的苦日子,还带回去做什么?"

重耳听了,知道狐偃等人这么多年来为了督促自己四处求援,做了不少像强带自己离开齐国那样的事,他们这是担心自己即位以后因为之前的旧事施加报复。于是重耳诚恳地说:"所不与舅同心者,有如白水!"然后将玉璧扔到了黄河之中,狐偃这才放心地随重耳过了河。

重耳带领秦国的军队进入晋国境内之后,晋怀公也慌忙派出了军队进行抵抗,然而大家都知道这是公子重耳回国了,谁也不真心抵抗。于是大军势如破竹,逼近国都,晋怀公见大势已去,便逃走了,后被重耳派去的人杀死。

晋怀公死后,重耳名正言顺地登上了国君之位,史称晋文公,此时重耳已经六十二岁了,他四十三岁逃离晋国,历经十九年艰辛的流亡生涯,终于再一次光明正大地踏上了故国的土地。

晋文公虽然已经即位，但还是有一些忠于晋惠公和晋怀公的势力遗留了下来，其中就包括晋惠公和晋怀公当年的宠臣吕甥、郤芮。他们担心晋文公会清算他们这些旧臣，于是决定先下手为强，在晋文公的宫殿中放火，然后趁乱杀死晋文公。为了加大成功把握，他们还找来了当年晋献公派去刺杀重耳的一名刺客寺人披一同商议此事。谁知寺人披并不看好他们的计划，随即就去求见晋文公报告此事。

这个寺人披当年奉命去刺杀重耳，晋献公命他三天到，他两天就来了，结果重耳来不及逃跑，被他追上斩下了一只袖子，几乎送了性命。晋文公还记得这个仇，因此不愿意见他，还派人去骂他："当年献公命你去杀我，给了你三天时间，结果你两天就到了，虽然这是国君的命令，但你也太急不可耐了吧？你斩下的袖子还在呢，你还是赶紧走吧。"

寺人披笑了，他说："遵从国君的命令是自古有之的制度，除掉国君厌恶的人，身为臣子，唯当尽力而已。管仲当初辅佐公子纠与齐桓公争夺国君之位，并用箭射齐桓公，但齐桓公仍然不计前嫌，任用管仲为相。如今您既已即位为君，臣自当全心全意侍奉您，如果您一味追究旧事，那么曾经对不起您的大臣太多了，又岂止我一个？"

晋文公听侍者传了寺人披的话，觉得非常有道理，便召见了他。于是寺人披将吕甥、郤芮的阴谋告知了晋文公。晋文公悄悄地找到秦穆公商议此事，二人计议已定，便依计行事。到了寺人披所说的日子，晋文公的宫殿果然燃起了大火，吕甥、郤芮趁乱进入宫殿寻找晋文公，可是却怎么也找不到，他们一路追索到黄河岸边，秦穆公早已设下埋伏，将他们一举擒杀。

此一役，晋文公清剿了晋惠公父子的残余

势力，也震慑了心怀不轨的大臣们，稳固了自己的地位。事后，晋文公将五位嬴氏夫人迎回了国内，秦穆公还留下了三千卫士给晋文公，帮助他稳定国内局势。

晋文公的大脑"卡壳"了

在晋文公十九年的流亡生活中,追随他的不仅有狐偃、赵衰等在历史上非常有名的能臣,还有一位因为忠心事主、不羡荣华富贵而名留青史的贤臣介子推。

重耳自从离开晋国,走上流亡道路,就过上了朝不保夕、性命堪忧的生活,先是他的父亲晋献公听信骊姬的谗言,连续派刺客追杀他。晋献公去世后,晋惠公回国即位,为了消除重耳这个争夺国君之位的隐患，继续派人追杀重耳。不过由于有一众贤臣追随重耳，重耳的母族国狄国距离晋国又很近，重耳到了狄国以后，过了一段安稳的日子。

但是狄国毕竟非久留之地，经过商议，重耳率领一众臣子，带着在狄国十二年积攒的财富，离开狄国继续拜访各国，寻求支持。他的这些财富就由一个名叫头须的侍臣负责保管，谁知头须竟然趁人不备卷款私逃，偷走了重耳所有的财产。当时重耳一行人正走到卫国，穷困潦倒的重耳去向卫文公求援，然而卫文公记恨晋国曾经得罪过卫国，将重耳拒之门外。

重耳等人失去了全部的财产，甚至找不到食物，饥肠辘辘地就被赶出了卫国的国都。后来重耳一行始终找不到食物，几乎要饿死在卫国了，介子推为了保全重耳的性命，便毅然割下了自己大腿上的肉煮成肉汤给重耳吃了。重耳这才活了下来，从而有机会在日后回到晋国即位为君，成就一番霸业，这就是历史上著名的"割股啖君"的故事。

介子推虽然对重耳忠心耿耿，但是他自己并非爱慕虚荣、追求权势之人，他为人孤高清傲，为人处世不太圆融，在追随重耳的一众大臣中也并不突出。经过多年的奔波曲折，重耳终于得到了秦穆公的帮助，愿意派兵护送他回晋国夺取国君之位。到了黄河岸边，一路追随重耳的宠臣、重耳的舅舅狐偃担心自己回国以后的命运，于是向重耳献璧求去，以此试探重耳的态度。

介子推见了心中鄙夷不已，冷笑着说："上天护佑公子，因此公子才有今日，狐偃却认为这是自己的功劳，用献璧求去来要挟公子，这实在是不知廉耻之举，我不愿意与你们这些人继续共事了。"于是便离开了重耳等人，自己隐居起来。

重耳做了国君之后，为了安抚人心、稳定局

势，采取了一系列惠及百姓的利民政策，同时大肆赏赐跟随他流亡的大臣们和帮助他回国的有功之臣，其中功劳大者得到了封邑的赏赐，功劳小者也得到了尊贵的封爵。但是此番封赏并没有遍及所有的有功之臣，不久之后，周襄王因为其弟太叔段作乱之事被迫逃到郑国，并且向晋国告急请求援助。晋文公想要派兵去救，又担心自己即位不久、局势不稳，一旦亲自带兵离开晋国去平乱，晋国会再次发生内乱。

于是晋文公再次大赏跟随他流亡的大臣，让他们替自己守护晋国。见到当初的一众随从之臣都得到了赏赐，享受了荣华富贵，曾经监守自盗，偷了晋文公所有财产逃走的头须也回来见晋文公求官。晋文公记恨他当初的背叛害得自己差点饿死在卫国的郊外，因此很不愿意见他，但如果贸然拒绝，又担心此事传扬出去寒了一众从臣之心。于是晋文公派人去告诉他自己正在洗头，不方便戴好冠带接见他。

头须听了以后灵机一动，便请人回禀晋文公："洗头的时候头朝下，心也反了过来，不见我自然是应当的。当初国君流亡在外，留在晋国之臣是为国君守护社稷，追随国君在外的是牵马坠镫的仆从，国君又何苦独独怪罪留下来的人呢？您身为国君而仇视我一个普通人，恐怕担心忧惧之人会很多。"

晋文公听到头须暗暗指责自己忘恩负义，甚至将自己厌恶他的个人情绪，上升到了国君仇视所有当初没有追随自己流亡的大臣这样的群体对立，担心这种言论传扬出去会动摇人心，于是只好接见了头须。见到晋文公以后，头须告诉晋文公自己当初带了所有的财产离开，其实并不是背叛他，而是用这些钱财到各国去结纳权贵，为他寻求援助。晋文公听了虽然仍然对头须十分不满，但也不得不就势封赏了头须。

后来一位当初追随晋文公的仆从壶叔听说头须这样在危难之中背叛主人,将重耳推入绝境之人竟然也能受封,而自己却始终没有得到封赏,于是心中愤愤不平。他找到晋文公问:"您回国以后已经三次赏赐群臣,却始终没有赏赐臣,请问臣有何得罪之处吗?"

晋文公赏赐了头须已经十分不满,现在见一个区区仆从也来请赏,于是冷冷地说:"那些以仁义引导我、以德惠劝谏我的大臣,我以上等的赏赐封赏他们;那些殚精竭虑辅佐我,用行动帮助我回国即位的大臣,我用第二等的赏赐封赏他们;那些为我冒生命危险冲锋陷阵的大臣,我用第三等的赏赐封赏他们;如果只是努力地侍奉我,却对于我改正缺点毫无助益的大臣,我用下等的赏赐封赏他们。所以我虽然三次大赏群臣,却至今没有封赏你。"

由于介子推已经退隐，所以并没有在历次的大赏群臣中得到封赏，他自己也不屑像壶叔和头须那样去求赏求封。介子推对他的母亲说："当年晋献公有九个儿子，活到现在的只有当今国君。惠公、怀公不能安抚人心，被国内诸臣和各国诸侯所厌弃。承受上天之命主持晋国社稷的除了国君还能有谁呢？国君即位，实在是上天的庇佑，而这些人却认为是自己的功劳。偷别人的钱财，尚且要被人指责为盗贼，何况将上天的功勋据为己有呢？群臣将罪行认作是义举，国君也因为他们的奸诈之行赐予奖赏，这样的国家，实在难以住下去了。"

介子推的母亲说："你为何不去求见国君？否则你死之后，谁人能够明白你？"介子推说："知道那样做是错的还要去效仿，就错得更厉害了，我不能与那种人同流合污。"他的母亲又说："那你至少让国君了解你的想法。"介子推说："去表明心迹就像是在身上画花纹，我要隐居起来了，又何必在身上画花纹呢？那是追求显达的做法。"于是介子推就带着他的母亲隐居了起来，再也没有出来做官。

后来有人同情介子推的遭遇，更佩服他的高洁，便写了一封信挂在宫门上："龙欲上天，五蛇为辅。龙已升云，四蛇各入其宇；一蛇独怨，终不所见处所。"晋文公见到以后，说："这是在说介子推了，我当时忧虑王室，没有来得及封赏他。"于是命人去传召介子推，可是介子推此时已经隐居到了绵上山中，于是晋文公便将绵上山划给了介子推做封地，取名为介山，并且说："以记吾过，且旌善人。"

还有一种说法认为，介子推隐居之后，晋文公亲自到绵上山去请他出山，谁知介子推坚决不肯。于是有人建议晋文公放火焚烧绵上山，用大火将介子推逼出来，不知出于何种心理，晋文公竟然同意了这个用火攻来"请"人出山的主意，果然派人放火烧山。大火燃烧了三天三夜，倔强的介子推还是没有出来，后来才发现他们母子二人已经被烧死在山中了。

晋文公对自己愚蠢的行为害死了介子推感到十分后悔，于是厚葬了介子推母子，并且下令以后每年的介子推忌日禁止生火，人们只能食用冷的食物，这个习俗流传了下来，就是后来的寒食节。

第二章

苦尽甘来,兴衰不过砍头间

退避三舍

齐国失去霸主地位，骊姬倾晋之后晋国也陷入乱局，而此时南方的楚国在楚成王的治下却国力日盛、蒸蒸日上。中原的小国郑、许、陈、蔡、鲁、卫、曹、宋大都依附于楚，或者在楚国与晋国之间摇摆不定，楚国颇有称霸之势。

晋文公即位以后，晋国局势稳定，经济得以发展，民生得以休息，同时晋文公也在王子带之乱中带兵勤王、安定王室，又积极与秦、齐加强联系，晋国的大国威势逐渐恢复，也有争霸中原之心。在这种情况下，晋国与楚国之间就难免会出现当初重耳在楚国所预言的"晋、楚治兵，遇于中原"之境况了。

自从宋襄公图霸失败，惨败于楚国之手，宋国就只能依附于楚国。但是宋襄公的儿子宋成公与楚人有杀父之仇，而且宋襄公当年曾经对流亡中的晋文公极尽礼遇，因此晋国国力恢复之后，宋成公便决定背叛楚国，转而投靠有故交的晋国。此时晋楚两国正针锋相对，楚国自然不能容忍宋国这样公然的背叛行为，于是便联合了郑、许、陈、蔡等国一同进攻宋国，并包围了宋国的都城，宋成公派出公孙固来向晋国告急求援。

接到救援，晋文公召集群臣商议对策，晋国的大夫先轸说："报答宋国以前的恩惠，建立晋国如今的威信，奠定今后的霸业，就在此一举了！"狐偃则进一步出谋划策："楚国最近刚刚与曹国结盟，又与卫国结成姻亲，我们要救援宋国，不必与强大的楚军正面对抗。可以先去攻打曹国和卫国两个小国，楚国必定会放弃围攻宋国而去援救曹国、卫国。"

当初重耳在流亡中经过曹国，曹共公曾经无礼地去偷看他洗澡，重耳一直深以为辱，对此耿耿于怀，如今就顺水推舟地同意了攻打曹国。为了筹备这场战争，晋国将原来的二军扩充为三军，又选定了元帅，晋文公在被庐大阅三军之后带领大军出发了。

经过一番波折，还在路上攻克了卫国，晋军终于围困住了曹国的国都，但是曹国国都城坚池深，一时难以攻克，晋军士兵死伤无数。曹国人为了打击晋军士气，便将晋军士兵的尸体挂在城墙上示众，看到攻城的同袍死后都不得安宁，晋军之中果然人心惶惶，晋文公深以为患。有人建议说："他们这样对待我们的士兵，我们就驻扎在他们的祖坟旁边祸害他们的祖坟。"

于是晋文公就将大军迁到了曹国人祖坟附近，曹国人见了果然人人惊惧，民心不稳，只好将战死的晋军尸体用棺木收殓了送还晋军。晋文公命令军队趁着曹国人心大乱之际进攻，果然攻克了曹国的都城。

晋军虽然攻克了曹国，但是楚国却没有按照预测的那样撤回围攻宋国的军队回来救援曹国，反而攻击得更加猛烈了。宋国抵挡不住，再次派人向晋国告急。晋文公对元帅先轸说："宋人又来告急，如果不去救援，宋国就会与我们绝交，完全依附楚国；与楚国调解和谈，楚国又不答应；可是若要与楚国作战，齐国、秦国又不会支持我们，这如何是好？"

先轸说："不如让宋国使者送礼给齐国、秦国，请他们代为调解周旋。我们抓住曹国的国君，再将曹国、卫国的土地分给宋国，楚国与曹国、卫国是盟友，必定不会答应和解，到时候齐国、秦国收了宋国的礼物又被楚人的不给面子所激怒，能不与楚国开战吗？"晋文公觉得有理，便依计行事。

晋国联合了齐国和秦国，占了优势地位，看到形势越来越严峻，楚成王有意退兵，便派人告诉在前线领军的令尹子玉。但是子玉骄傲自负，因为曾经有人批评他无带兵之能，最多只可统帅三百乘战车，他便不肯听命撤军，只派人去向楚成王请战说："我不为立下战功，只为了用事实堵住小人之口。"楚成王见子玉不听命令，十分气愤，只给了子玉少量的军队和一百八十乘战车。

子玉并非无能之辈，在开战之前，他先派宛春到晋国军营去谈判："请贵军恢复卫国国君之位，将曹国的土地还给曹国，我就退军解宋国之围。"狐偃本想拒绝，但先轸却看出了其中的阴谋，他说："如果楚国说了一句话就能平定曹、卫、宋三国的危难，而我们却用一句话拒绝其请求，将三国推入亡国的险境，那就是我们不合礼制、不得人心了。我们不如私下与曹、卫谈判，给予他们好处，再将宛春抓起来激怒楚国，到时候挑起战端的罪名就是楚国的了。"晋文公采纳了先轸的建议，曹国和卫国果然与楚国绝交了。

子玉知道此事后十分愤怒，下令进攻晋国的军队，晋国的军队却不战反退。士兵们不明白国君为何不敢与楚国令尹正面作战，狐偃便站出来解释："师出有名、理直气壮的军队才有战斗力，如果没有楚国的帮助，国君不会有今日。当初在楚国，国君曾与楚王约定如果兵戎相见则晋军退避三舍，现在正应当以此来报答楚国。如果我们退让了，楚军还是咄咄逼人，那么就是对方无理挑衅了。"

晋军一路退避，子玉引兵追击，一路到了城濮（今山东范县临濮城），宋成公、齐国将领国归父、秦国将领小子憗率领大军驻扎于此,楚国军队则背靠险山驻扎。晋文公还顾及过去楚成王对自己的恩惠而犹豫不决,狐偃劝他说:"作战吧!如果胜利,我们就可以称霸诸侯,即使战败,于我们晋国的江山也无损。"

这时子玉派人来下战书:"请与君之士戏,君冯轼而观之,得臣(子玉之名)与寓目焉。"晋文公则派使者送去回复,约定明日开战:"敢烦大夫谓二三子,戒尔车乘,敬尔君事,诘朝将见。"

第二天,春秋时期最大的一场战争爆发了。晋文公下令晋国军队的七百乘战车在莘地以北列阵,派胥臣率领下军抵挡陈国和蔡国。子玉命令若敖氏的一百八十乘战车为中军,命子西率领左军,子上率领右军,并扬言要覆灭晋国。

战争开始以后,晋军首先发起攻击,胥臣用虎皮包裹战马,向陈国、蔡国的军队发起猛烈进攻。陈、蔡的军队很快败退而逃,楚国的右军也随之溃败。为了诱敌轻进，狐毛设下两面大旗伪装撤退，栾枝也命令战车拖着树枝伪装逃遁，子玉果然中计，率军追击。中军的先轸、郤溱率领军队横向冲击，而狐毛、狐偃兄弟同时率领上军夹击楚军的左军，楚国左军不敌，很快也溃败了。只剩下子玉率领的中军主力收拾残卒，败逃回了楚国。

城濮之战的失败，虽然并没有给楚国的主力造成严重损失，但是楚国北上中原与晋国争霸的计划遭受了严重打击，令尹子玉也引咎自杀。从此以后，楚国只能将精力集中在经营南方，而晋文公的霸主地位也由此奠定。

又一个霸主出炉了

城濮之战以后,晋文公并不见喜色,反而不时忧心忡忡地叹气,有人问他:"我们战胜了楚国,国君还忧虑什么呢?"晋文公长叹一声说:"我听说打败别人以后能够安全又安心的只有圣人了,楚国的令尹子玉还活着,不知何时就会卷土重来,我怎么高兴得起来呢?"谁知不久以后竟传来消息,子玉被逼自杀了。

原来城濮之战大败后,子玉率领的中军并没

有遭受太大的损失，因此他虽然心情低落，但毕竟胜败乃兵家常事，也没有太过自责，便收拾残部回楚国去了。可是一路到了楚国，楚成王却对他不听命令、一味贪战导致楚军大败的行为十分愤怒，派人到军中去责问子玉："大夫您如果回国，那么我如何对子弟们随你战死的申、息两地父老交代？"

子玉这才知道楚王对自己的厌弃已经如此之深，只得自尽。消息传到晋国军营，晋文公大喜道："我在外打败了楚国的军队，楚王自己在内诛杀了得力的大臣，内外相应地削弱了楚国的实力，我可以高枕无忧了！"

见楚国已经不足为虑，晋文公便将军队驻扎在郑国的衡雍（今河南原阳西），然后以霸主自居，大会诸侯。各诸侯国君见晋军新胜强楚，风头正劲，谁也不敢违逆其意，便纷纷前来，连城濮之战时协助楚军攻打晋军的楚国盟国陈国也来盟会。

晋文公见诸侯到齐，很满意自己目前的威望，但是毕竟自己的霸主地位尚未得到周王室的承认，有名不正言不顺之嫌，便打算率领诸侯到洛邑去朝见周襄王。不过考虑到晋国刚刚从内乱中恢复过来，又与楚国大战一场，实力消耗严重，要带着这么多人长途跋涉到洛邑去恐怕会有人趁机反叛，于是晋文公便打消了这个想法，派人在践土营建王宫，准备将周襄王请到这里来举行仪式，确认自己的霸主地位。

城濮之战以前，楚国的势力渗透了几乎整个中原地区，连齐国这样的大国都曾被楚人侵略，鲁、卫、郑、陈、蔡等小国更是不得不臣服于楚国。当时，中原各诸侯国都是姬姓的兄弟之国，而楚国则是异姓诸侯国，而且向来被中原各国视作蛮夷。对于周王室和各中原诸侯国来说，晋文公大败楚军，遏止楚国北上的企图，是立下了大功。更何况此时周王室式微,晋文公又曾在王子带之乱中为周襄王立下大功,于是周襄王欣然同意了晋文公的邀请,答应亲自前来犒劳晋军、赏赐晋文公。

郑国本来是楚国的盟国,在战争中曾经为楚军做向导,而且重耳流亡时途经郑国,还被郑文公无礼地拒之门外。此时郑文公见重耳不仅做了国君,还亲率大军将自己的靠山楚国打得落花流水,深恐晋文公记恨当年之事,挟大军之威攻打郑国,于是赶快派人向晋国求和。晋文公流亡多年,见惯了人情冷暖、世态炎凉,也没有多刁难郑文公,欣然同意与郑国结盟。

周襄王到达践土以后,晋文公亲自向周襄王献俘,包括楚国的驷马战车一百乘、步兵一千人。晋文公通过献俘的方式表达了晋国对于周王室的忠诚,于是周襄王以很高的规格接待了晋文公,又命卿士尹氏、王子虎和内史叔兴父以周天

管敬仲

管仲名夷吾諡敬仲潁上人與鮑叔牙友善鮑叔薦推齊桓公曰管夷吾治於高谿使相可也桓工遂用以為相而霸諸矦著有管子八十六篇

子的名义策命晋文公为侯伯,由此晋文公的霸主地位得到了周王室的认可。

之后,三位使者又代表周襄王将各种符合霸主身份的礼仪用品赐给晋文公,其中包括乘坐大辂、戎辂两种祭祀和作战中所穿戴的礼服、红色的弓一把、红色的箭矢一百支、黑色的弓十把、黑色的箭矢一千支、祭神用的芳酒一壶、天子的虎贲卫士三百人。

赏赐已毕,三位使者代表周襄王将节制各国、讨伐不臣的权力授予晋文公:"天子告诉叔父:请您恭敬地服从天子的命令,绥靖四方各国,纠正天子的过失。"晋文公依照礼制三次辞谢然后才表示遵从命令,接着接受封赐的策书,连续三次出入觐见周襄王,这一套周天子承认晋文公霸主地位的繁文缛节才告结束。

不久以后,周天子又命卿士王子虎在践土的王宫召各国诸侯会盟,并让大家盟誓:"各自努力辅佐王室，不要相互侵害，违背此誓者，神明殛之！"通过这次盟会，一方面强调了各国之间不可随意征伐，另一方面又使晋文公得以用"侯伯"的身份为周天子讨伐"不遵王命"的诸侯国。不仅使晋国的霸主地位通过一系列礼仪得到了周天子的认可，更为晋国日后的征伐备好了一面"尊王"的大旗。

都得听我的

晋文公在城濮之战中大败楚军,却并没有被胜利冲昏头脑,而是更加严明军纪、赏罚分明。在城濮之战中,晋军的中军在湖边遭遇大风,丢失了大旗的左旗,于是晋军司马按军法处死了责任人,来警醒参与会战的诸侯。得胜凯旋以后,晋军在渡过黄河的时候,舟之侨违背军令擅自率先回到晋国。晋文公回国以后先到太庙献俘,然后大宴群臣、犒赏三军,最后公开数说舟之侨的不臣之行,将其处死以警惕过人,百姓因此大服晋文公,都赞扬他能够赏罚分明。

整肃军纪之后,晋文公又整顿军制、扩充军事力量,为日后的征战做好准备。城濮之战以前,晋国只有二军,为了准备城濮之战,晋文公下令增加一军,扩充为三军。战后,晋国实力大增,又得到了代周天子讨伐不臣的权力,便在三军的基础上再增加二军,形成了当时各诸侯国间绝无仅有的五军兵力。

根据周礼,各诸侯中,大国设三军,次国设二军,小国设一军。城濮之战前晋文公扩充晋军为三军,代表着晋国走出了内乱的阴影,拥有了与大国楚国相抗衡的军事实力。而此次由三军扩为五军,则代表着晋国已经超过了普通的大诸侯国,成为了堪与周王室分庭抗礼的"超级大国",为将来晋国的南征北战打下了坚实的基础。

践土盟会的几个月以后,晋文公又在晋国大

夫赵衰的封邑温地大会诸侯，鲁、齐、蔡、郑、陈、莒、邾、秦等各国国君齐聚温地，商议共同讨伐不服从的诸侯国。为了显示这次盟会的权威性，展示晋国的威望，晋文公再次将周襄王请到温地参加盟会，接受诸侯的拜见。由于晋文公是臣，周襄王是君，晋文公这种以臣召君的行为于礼不合，因此只称周襄王是来狩猎的，又亲自带领诸侯到周襄王的住所去朝见。《春秋》一书微言大义，讲究为尊者讳，故而将此事记载为"天子狩于河阳"。

在此次盟会上，各国诸侯先是解决了卫国的问题。卫国是楚国的盟国，曾与楚国结下姻亲，在战争中曾为楚军向导，卫成公更是曾经得罪晋文公。得知了楚军大败、晋军大胜的消息，卫成公非常惊惧，便逃离卫国，到陈国去避风头。这时晋文公向各国诸侯发出参加盟会的邀请，卫成公本来就担心晋国会报复卫国，不敢拒绝晋国的邀请，可是更担心自己一去就会被晋文公找借口杀掉，于是只好派大夫元咺辅佐自己的弟弟叔武去参加盟会，而元咺的儿子角则留在卫成公身边随侍。

可是不久以后，却有人对卫成公说："元咺已经立了叔武做国君，您被抛弃了。"卫成公听了这话，立刻怒火中烧，也不派人调查清楚事实真相、是非曲直便命人处死了角。元咺听说儿子被杀，自然伤心不已，也对卫成公滥杀的行为非常愤怒。但是此时卫国尚处于危机之中，晋国在旁虎视眈眈，卫国稍有动乱晋国就可能派出大军灭掉卫国，故而元咺擦干眼泪、强忍悲痛，继续执行自己的任务。卫国人本来就已经对卫成公十分不满，现在听说他在流亡中还如此听信谗言、滥杀无辜，谁也不愿意继续为他效力了，而且此时晋国也答允了恢复卫国的爵位，于是卫国人蠢蠢欲动，有另立国君之意。

为了安抚人心、稳定局势，卫国大夫宁武子在宛濮召集集会，诚恳地说："上天降祸于卫国，因此会有君臣失和的事情发生，导致我们陷入如今这样令人担忧的境地。但是请诸位扪心自问，如果国内无人留守，谁来守卫社稷？如果无人出使国外，谁来安定我国周边环境？如今我与各位盟誓，从今以后在外出使者不必担心后方会背叛，留守国内者也不必担心会有莫须有的罪名，如违此誓，天必殛之！"听了宁武子的盟誓之后，卫国人果然放下了忧虑，不再考虑背叛卫成公的事了。

不过，流亡陈国的卫成公并不知道这一切，他听说元咺辅佐叔武篡位之事，就立刻急匆匆地赶回卫国。叔武此时正打算洗头，听说国君回来了十分高兴，连头发都来不及束好，就随便拢着奔出去迎接。卫成公身边的人一直以为叔武已经篡夺了国君之位，见他出来，便不分青红皂白地提起弓箭将叔武射杀。

叔武死后,卫成公仔细一看,才发现原来弟弟并没有篡位,还欣喜非常地跑出来迎接自己回国。可是此时大错已经铸成,看着血流满地的弟弟尚存余温的尸体,想起弟弟刚才兴高采烈的笑脸,卫成公后悔得肝肠寸断,再也抑制不住悲恸,伏在叔武的大腿上放声痛哭。错杀了叔武的公子歂犬见状也知道自己杀错了人,此时国君过于悲痛想不起自己,等回过神来岂有自己的好下场?于是公子歂犬赶快趁人不备逃了出来,不过后来还是被卫成公派人杀死了。

元咺见叔武无辜被杀,担心卫成公会再来杀死自己,于是便逃到了晋国求助。这时晋文公正在温地大会诸侯,便派人请来卫成公在各国诸侯面前与元咺对质解决此事,卫国的大夫宁武子、针庄子与士荣代表卫成公做辩护,史称"卫侯与元咺讼,宁武子为辅,针庄子为坐,士荣为大士"。相关学者认为，宁武子、针庄子与士荣正是中国古代文献记载中出现最早的律师。

但是这三位律师并未能帮助卫成公胜诉，晋文公主持的诸侯公审判决卫成公败诉，于是晋文公命人杀死士荣，又将地位稍高的针庄子处以刖刑，而宁武子则因为晋文公赞赏其忠诚才得以幸免于难。处理了卫国的一干大臣，晋文公又做主将卫成公抓起来，送到京师去囚禁，然后放元咺回国，另立公子瑕为国君。

审理卫国的这一场诉讼案，让晋文公出尽了霸主的风头，也是晋文公首次遵照周襄王的命令行使霸主"敬服王命，以绥四国"的权力。此后，晋文公又倚仗自己的军事实力围攻郑国，迫使楚国向晋国请和通好，又支持卫国趁着狄国内乱前去讨伐，使狄国也与卫国结了盟，不敢再随意侵犯中原。虽然晋文公利用霸主地位，肆意征讨不服从晋国的诸侯国,但是晋国作为霸主出现,使中原诸侯摆脱了齐桓公死后群龙无首的乱局,扭转了中原式微,狄人、楚人大肆侵略中原的形势,为中原各国的发展做出了贡献。

晋襄公继霸

鲁僖公三十二年（公元前628年），一代霸主晋文公结束了他跌宕起伏的一生。传说，在晋国君臣送晋文公的灵柩离开国都绛城前往晋国的发源地曲沃停放之时，晋文公的灵柩中突然发出像牛叫一般的声音。有专司占卜之人仔细倾听了一下，便向不知所措的众大臣宣布："国君正在发布命令：将有军队自西而来途经我国，如果迎战必获大胜！"

这个离奇的故事被严肃地记载于《左传》之中，不过无论它是真是假，这个晋文公"死后"发布的"遗命"却似乎有先见之明一般，预见了在晋文公身后，晋国连续地南征北战、斩将夺城的局面。

晋文公去世之后，他生前所立的太子骧继位，史称晋襄公。他虽然在位时间不长，但却继承了其父的雄心壮志，很有战略眼光地进行了一系列对外战争，使晋文公避免了齐桓公那样的悲剧，将晋国的霸主地位延续了下去。

此时，秦穆公正领兵在外，他不顾老臣蹇叔不可远袭的劝谏，执意带兵出发征讨郑国，路上受阻之后又回军灭了滑国。晋国大夫先轸得知这个消息以后，立即找到晋襄公说："秦国国君不听蹇叔之言，为了满足其野心而劳师远征，这是上天赐给我们的良机。逆天不祥，我们一定要趁此机会打败秦军。"

但是另外一位大夫栾枝却提出了质疑:"秦国对先君有拥立之恩,现在先君尸骨未寒,我们就要进攻秦军,这样做将置先君于何地?"先轸解释说:"郑国、滑国都是我们的姬姓同族,我们的先君也与秦国国君交情匪浅。但是现在我们的先君去世,秦君不仅不为我们伤感,反而出兵攻打与我们同姓的国家,秦国既然已经如此失礼,我们还顾忌讲什么恩惠?我听说:'一日纵敌,数世之患也。'即使面对先君,我们也可以理直气壮地说一句,这是为了子孙后代打算!"

听了先轸与栾枝两位军事经验十分丰富的大夫的辩论,晋襄公认为先轸所说更有道理,于是就下令紧急动员姜戎的军队,准备作战。由于此时晋文公还没来得及下葬,晋襄公就用墨将丧服染成黑色,然后领军出征了。

秦晋两国军队在殽山大战一场,晋国军队

果然大获全胜,还俘虏了秦国的三位主帅孟明视、西乞术、白乙丙,其中孟明视就是秦国重臣百里奚之子。晋襄公得胜凯旋之后,才又穿着已经被染成黑色的丧服为晋文公下葬,从此以后,晋国的丧服就改为黑色了。

晋襄公的母亲文嬴是秦穆公之女,听说秦国的三名大将被俘,便劝说晋襄公将他们放了回去。先轸知道以后赶快去阻止晋襄公,但是为时已晚,于是他怒气冲冲地呵斥晋襄公:"武将费尽力气流血流汗地抓住敌人,您却听信妇人的一句话就轻易地放掉了,如此削减军队的成果功劳,而为仇寇助力,亡无日矣!"然而先轸再愤怒也已无济于事,秦国的三位将领已经渡河而去,而先轸却因为今日的失态在不久以后失去了性命。

当时,先轸正在率领晋国的军队与狄人作战。狄人知道晋文公去世,认为晋国会像齐桓公去世以后的齐国那样衰落下来,中原诸侯也会群龙无首,变成一盘散沙,于是便出兵侵略齐国,进而又攻击晋国。晋襄公焉能任由狄人如此猖狂?便立即亲率大军出征,并在箕地(今山西蒲州东北)大败狄军,晋国下军统领郤缺还俘获了白狄的首领。

眼看晋国军队即将大获全胜,所有人都欢欣鼓舞,先轸却想起自己上次在国君面前口出狂言,说什么"亡无日矣",顿时觉得羞愧无地,便说:"我当日在国君面前放肆,国君宽仁没有处罚我,我自己难道敢不惩罚自己吗?"于是摘下自己的头盔疯了一般地冲入狄军之中一阵冲杀,很快死于乱军之下。战争结束之后,狄人送还先轸的首级,他满面释然、面色如生,晋襄公见了心下很是恻然。

自箕地返回以后,晋襄公将对先轸的一腔愧疚之情全部放在了先轸的儿子先且居的身上。他以最高级别命令任命先且居继承其父中军元帅的官职，然后又赏赐了举荐郤缺的胥臣，最后才将在此战中俘获白狄首领，立下大功的郤缺任命为卿，并将冀地赐予他，却没有授予军职。

战胜了距离较近而且威胁较大的秦国和狄国以后，晋国便对一直有与晋国争霸之心的楚国发出了挑战。当然，晋国并没有远道奔袭楚国，而是进攻了归附楚国的许国，楚国随即发兵救许，楚军也没有到许国去与晋国直接作战，而是转而进攻在城濮之战以后就背叛楚国、投靠晋国的陈、蔡二国，迫使晋军回军来救。经过一番混战，晋国和楚国都退了军，哪方也没有占到便宜，但是楚国的令尹子上却因为在此战中中了晋国之计而被楚太子商臣诬陷为"受晋赂而辟之，楚之耻也"，因而被楚王处死。

晋襄公在与西方、北方、南方的大国进行的三次战争中都获得了胜利，便将矛头又转向了东方的卫国。晋文公晚年，被囚禁于洛邑的卫成公被释放了，并且回国复了辟，重新当上国君的卫成公深恨晋文公，又自恃与狄国结了盟，便不肯去晋国朝见，还派将领孔达去进攻晋国的盟国郑国。

晋襄公刚刚即位之时忙于攻打秦国、抵御狄国，待一切平定之后才想起了卫国的无礼之处。正好此时父亲晋文公的丧事已过，晋襄公举行了祭祀仪式之后便派人通告诸侯并且出兵讨伐卫国。不久之后就攻占了卫国的戚地（今河南濮阳北），还俘获守将孙昭子。卫成公这才知道晋襄公的厉害毫不逊色于其父，只好去求陈国国君代为周旋，并将孔达交给陈国国君，请他送去向晋襄公请罪，这才解决了此事。

齐桓公去世以后，五子争位使得齐国国内大乱，不仅国势倾颓，连得之不易的霸主地位也就此丧失。同样是霸主，晋文公去世之后，晋襄公不仅顺利继位,而且很快掌握了国内各方势力,并运用晋国强大的军事力量使四方宾服,将晋国的霸业维系了下去,由此可见晋襄公确实是一位有为之君。

别杀我，我很无辜

所谓"亢龙有悔，盈不可久"，在晋襄公的率领下，晋国军队将东南西北四方诸侯一一击败，但是晋国再强也不可能永远立于不败之地。鲁文公三年（公元前624年），晋襄公再次联合宋、陈、卫、郑等盟国击溃了楚国的盟国沈国。为了报复，楚国随即出兵包围了晋国的盟国江国，晋襄公虽然派出军队前去援救，但却无功而返，最后江国和蓼国等都被楚国攻灭。

楚国势力的扩张给晋国敲响了警钟，提醒他们在南方那个实力雄厚的大国虽然暂时蛰伏，但绝对没有臣服于晋国，晋国稍有松懈，霸主之位就有可能易主。正在此时，晋国又遭受了另一重严重打击，曾经追随晋文公打下晋国称霸之基业的老臣赵衰、栾枝、先且居、胥臣等先后去世。

将星纷纷陨落带给晋国的严重后果不仅仅是军事力量的自我削减，更重要的是突然出现的大量政治权力真空迅速地引起了晋国高层的争权夺利。尤其是当年追随晋文公流亡的二位老臣赵衰的家族赵氏和狐偃的家族狐氏二族的争权，为日后的乱局乃至晋国霸业的衰落埋下了隐患。

由于优秀将领的缺乏，晋襄公不得不将军威赫赫的五军裁去二军，恢复为三军，然后在贵族子弟中选拔优秀人才担任三军的将领。三军的官职之中，中军将也就是中军的元帅一职不仅仅是军事职务，更与相国类似，兼掌国家大政，将军政大权握于一手。因此是晋国第一等的重要官职，可想而知，其争夺也极为激烈，而争夺中军将之职的两个焦点人物正是来自赵氏家族的赵盾和来自狐氏家族的狐射姑。

赵盾是赵衰的长子，他并不是在晋国出生成长的，身世也十分曲折。当年骊姬倾晋，晋献公的几个儿子死的死，逃的逃，公子重耳也避开了父亲的追杀，趁乱逃出了晋国，来到了母亲的祖国狄国。狄国的国君对重耳很好，将俘虏来的赤狄部落廧咎如首领的两个女儿叔隗和季隗送给了重耳。为了笼络追随自己的大臣，重耳只留下了妹妹季隗，而将姐姐叔隗送给了赵衰，叔隗嫁给赵衰以后为他生下了儿子赵盾。

重耳回国即位以后，追随他流亡的一众大臣也都得到了封赏，这时狄国国君听说重耳已经即位，便将他留在狄国七年的夫人季隗送到了晋国，但是赵衰的夫人叔隗却并没有被一同送来。

而此时，晋文公早已将自己的女儿嫁给了赵衰，二人还生下了三个儿子，见到季隗被送回晋国，赵衰也想起了当初那位陪伴自己度过那段艰难岁月的女子叔隗，很想把她接回来，但又怕现任夫人、晋国公主不同意，只好就这样拖了下来。

公主得知这件事以后，反而十分开明地说："请您派人将叔隗接回来，否则别人会认为您是一个喜新厌旧之人。"赵衰见公主同意了，便派人去接了叔隗和赵盾回国，后来公主还让出了嫡夫人之位给叔隗，并且让赵盾以嫡长子的身份成为了赵衰的继承人。

赵衰虽然作为追随、拥立晋文公的功臣，在晋文公时代得到了很高的地位，但是赵氏家族在晋国根基尚浅，无法与众多的旧贵族相抗衡。而狐射姑所属的狐氏家族就不同了，狐氏原为姬姓大族，与晋国国君同姓，后来因为其祖先被封于狐氏大戎，才逐渐由姬姓改为狐姓。

到了狐射姑的祖父狐突的时代，狐氏家族更为显赫，狐突的两个女儿大戎狐姬和小戎子都嫁给了晋献公，而后来即位为晋惠公的公子夷吾以及晋文公重耳都是狐突的外孙。后来狐突的两个儿子狐毛、狐偃还追随重耳流亡多年，狐突自己也因为维护重耳，不肯遵照晋怀公的命令召回两个儿子，而惨遭杀害。可以说，狐氏家族在晋国不仅根深叶茂，更深得晋文公的信重，而这种信任和重视在晋文公去世后也被晋襄公继承下来。

因此，在这次选拔高级军官的过程中，晋襄公在夷地举行阅兵，并且毫不犹豫地将狐偃之子狐射姑任命为中军将，而将赵盾任命为中军佐，但是此次任命并不是争夺的结束，而仅仅是一个开始。晋襄公的老师阳处父一向支持赵氏家族，这次他听说赵盾没有得到中军将之位，便从温地赶了回来，极力向晋襄公进谏说赵盾是个能臣，"使能，国之利也"。

由于阳处父是晋襄公的老师，因此晋襄公很重视他的意见，于是在董地再一次举行阅兵，改任赵盾为中军将，狐射姑为中军佐。狐射姑无端被阳处父几句话夺去了中军将之位，不免对他恨之入骨，而且他在稍后扶立新君的斗争中再次败给了赵盾，于是头脑一热，就派人刺死了阳处父泄愤，无辜的阳处父就这样成为了赵狐争权的牺牲品。这件凶案很快便告破，狐射姑派出的杀手也被正法，狐射姑见事情马上就会查到自己头上，只好逃出晋国到了狄国。

赵盾见狐射姑自己主动离开了晋国，十分高兴除掉了一个劲敌，也不再追究刺杀阳处父之事，就派人将狐射姑的妻儿老小和所有的器用财物送到狄国去给他，让他安心住在狄国，一辈子也不要回晋国。这一次赵狐争权就以看似居于劣势的赵氏完胜，看似居于优势的狐氏完败而告终。后来有人询问狐射姑赵衰与赵盾父子二人谁更贤能，狐射姑还心有余悸地说："赵衰就像是冬天的太阳，普照万物，令人身上暖洋洋；而赵盾则如夏日的太阳，令人酷热难耐而且无法逃避。"

赵盾掌握晋国政权以后，励精图治，从行政、法律、社会等各个方面出台了一系列举措，包括制定规章制度、修订刑事律令、治理刑狱积案、追捕逃奴、规定要在经济活动中使用契约账册、改善民生、整肃等级制度、选贤任能等。自此，晋的国家政制得到了完善，并且成为了晋国国计民生的固定惯例。

先君的一票否决权

鲁文公六年（公元前621年），诸侯霸主晋襄公因病去世，此时晋襄公的嫡子、太子夷皋还十分幼小，无法主持国政。当年晋文公去世时，晋襄公已经成年，具有掌握政局甚至率军出征的能力，这才避免了类似齐国五子争位的悲剧。但是晋襄公自己却英年早逝，留下一个主幼国疑的局面，为晋国的内乱埋下了隐患，显赫一时的文襄霸业也至此只能宣告终结。

晋襄公弥留之际，对自己年幼的太子也万分不放心，于是便将赵盾召到自己的病榻之前，殷殷嘱咐地向他托孤说："此子材，吾受其赐；不材，吾怨子。"也就是说，如果赵盾能够将太子夷皋教导成才，那么赵盾就是对晋襄公有恩；如果太子夷皋不能成才，那么晋襄公在九泉之下也将怨恨赵盾的教导不力。

但是赵盾并没有将晋襄公的临终遗言放在心上，晋襄公去世后，赵盾作为此时晋国最高的实际掌权者商议新君之事。赵盾首先发言，认为当此乱世国赖长君，太子夷皋年幼，无法担负晋国的重任，而且主少国疑容易引起内乱。晋国地处中原，西面的秦国和南面的楚国都虎视眈眈，而北方的狄人也随时窥伺时机前来袭扰，一旦晋国国内发生内乱，必定会招致外患，到时候历代先君和在场的诸位大臣辛苦经营的晋国霸业就将付诸流水。

赵盾的一席话说到了在场诸臣的心里，他们不是曾经追随晋文公筚路蓝缕、惨淡经营，开辟出晋国霸业的有功之臣，就是历代为晋国效力的旧勋贵族，谁也不愿意看见晋国陷入乱局，遭到战祸。于是众位大臣议论纷纷，点头称是，同意废掉晋襄公年幼的遗孤太子夷皋，改立长君。

既然不能父死子继，那么就只有兄终弟及了，改立的人选集中在晋襄公的两位弟弟，晋文公的两位少子公子雍和公子乐二人身上。公子雍的母亲是来自杜国的女子杜祁，她在晋文公的妻妾之中，本来地位较高，但是因为晋文公宠爱晋襄公的生母，因此自动请求居于其之下；后来晋文公在狄国娶的夫人季隗被送回晋国，因为狄国是晋国在北方的强劲对手，同时也是在流亡中支持晋文公的有恩之国，为了不委屈季隗，杜祁不得不再次让步，同意让季隗的地位居于自己之上。

由于杜祁如此善解人意识大体，晋文公对她也一直心怀愧疚，因此对她的儿子公子雍十分宠爱，待他成年之后就将他推荐到友好的秦国去做官，公子雍也不负所望，在秦国获秦穆公的重用，得到了亚卿的高位。

而公子乐的来历也不简单，他是秦穆公的外孙，他的母亲就是秦穆公之女怀嬴。当年晋怀公在秦国做质子之时，秦穆公将女儿怀嬴嫁给他为妻，后来晋怀公与秦国断交，秦穆公便将怀嬴改嫁给了来秦国寻求援助的重耳。重耳本来嫌弃怀嬴曾经嫁给自己的侄子，不愿娶她，但是由于有求于秦国，也只好从命，后被称为辰嬴。由于母亲不受父亲宠爱，她的儿子公子乐也没有得到父亲太多的爱护，成年之后便到弱小的诸侯国陈国去做官。

因此，在选择拥立对象时，赵盾便选择了有秦国支持的公子雍，他对众位大臣说："我们应当立公子雍为国君。他乐于行善而且年纪较长，又极得先君的宠爱，而且他与秦国的关系密切。秦国与晋国本是多年的友好邻邦，所谓'置善则固，事长则顺，立爱则孝，结旧则安'，现在我们因为国家面临危难而想要拥立年长的国君。只要遵照这四德来行事，立公子雍为君，搞好与秦国的关系，晋国的危难就必定可以缓解了。"

赵氏与狐氏此时正在争权夺利，狐射姑上次争夺中军将之位输给了赵盾，这次如果再让赵盾得以按照自己的意愿迎立国君，那么这晋国哪里还能有狐氏的立足之地呢？于是狐射姑便站出来唱反调："以我之见，不如立公子乐。怀嬴曾受两位国君的宠爱，立她的儿子，百姓必然安心服从。"

赵盾还没说话，赵氏的赵孟便站出来反驳："辰嬴地位低贱，又先后嫁给两位国君，这样淫荡之人的儿子有什么威严呢？而公子乐作为先君之子，不到大国去寻求禄位却在陈国区区小国偏安一隅，这是胸无大志的鄙陋之人。母亲淫荡、儿子鄙陋，这样的人岂能为君？况且陈国弱小而遥远，晋国有事也不能前来救援，对于晋国无益。公子雍的母亲贤德，又有秦国的支持，当然应该立公子雍！"

经过一番争辩，赵氏与狐氏谁也无法说服对方，于是赵盾一气之下便不顾狐射姑的意见，自行派先蔑、士会到秦国去迎接公子雍回国，而狐射姑也不甘示弱，随即也派人到陈国去请公子乐回国。但是赵盾棋高一着，他不仅派人去迎接公子雍，还派了杀手去刺杀公子乐，公子乐在从陈国回归晋国的路上，就在郫邑（今河南省济源西）被杀手刺死。狐射姑见公子乐已死，自己再一次败给了赵盾，恼羞成怒之下便派人杀死了赵盾的党羽阳处父，然后自己逃到了狄国，狐氏从此就退出了晋国的政治舞台。

眼见着幼小的太子夷皋即将失去应得的国君之位，晋襄公的夫人穆嬴十分着急，每天抱着太子在前朝哭诉："先君有什么对不起你们的？太子有什么对不起你们的？你们竟然舍弃嫡子而到国外去寻找国君，将置太子于何地？"穆嬴见自己在前朝的哭诉无效，便又抱着太子到赵盾家中哭诉："当初国君将太子托付给您说'此子材，吾受其赐；不材，吾怨子'，如今先君薨逝，言犹在耳，您就将太子弃之不顾，难道不怕报应吗？"

赵盾与诸位大夫被穆嬴闹得不堪其扰，而且春秋时代人们也颇信鬼神之事，十分担心晋襄公在九泉之下灵魂不安会来报复自己，便决定背叛公子雍，还是拥立太子夷皋，这就是晋灵公。然后赵盾又亲自率军前去防御送公子雍回晋的秦军，并在令狐大败秦军。

晋灵公即位以后，赵盾完全掌握了晋国的政权，甚至以大夫的身份召集齐、宋、卫、陈、

阮上阮

甯戚衛人家貧無資為人挽車至齊國於車下飯牛扣牛角而歌曰南山矸白石爛中有鯉魚長尺半生不逢堯與舜禪短有單衣終至骭愴昏飯中至夜半長夜漫漫何時旦桓公聞而異之命管仲迎之拜為上卿後遷相位

郑、许、曹诸国会盟，开创了晋大夫主盟之始。同时国内也因为诸大夫之间的利益纷争发生了内乱，从此以后，晋国不复称霸天下的威势，陷入了主幼国疑、大夫专权、内乱不断的困局。

第三章

秦晋之好,和谐的几种面孔

养马养出个诸侯国

晋国的霸业倾颓以后,中原各国势均力敌,无人能够脱颖而出成为下一任的霸主。正在此时,西方一个不起眼的边疆弱国却在悄然崛起,这就是后来一统天下的秦国。

秦国是华夏族的一支,有关其源头的传说很有东方民族只知其母不知其父的特点。传说秦人的祖先名为大业,是五帝之一、黄帝之孙颛顼的孙女吞了天上玄鸟掉落的鸟蛋而生下的。大业的儿子名叫大费，曾经辅佐大禹治水并立下大功，受到帝舜的嘉奖，后来大费为帝舜调驯鸟兽，经过他的训练，鸟兽都很听话温驯，于是帝舜为他起名为柏翳，并赐姓嬴氏。

到了夏末商初，嬴氏弃暗投明，归顺了商汤，嬴氏的费昌还曾经在夏、商决战的鸣条之战中为商汤驾驭战车，帮助商汤赢得了战争的胜利。嬴氏的孟戏仲衍受到商帝太戊的重用，为太戊驾车。从此之后，嬴氏辅佐殷商帝王，历代均立下功勋，出现了无数显贵大臣，后来还成为了诸侯，商纣王时期著名的奸臣蜚廉、恶来就是嬴氏的后代。

进入周朝以后，嬴氏的造父由于善于驾车而得到周穆王的宠信，并且在徐偃王之乱中为周穆王驾车，一日之间奔驰千里，终于及时平定了叛乱。为了表彰造父的功绩，周穆王将赵城封给了造父，从此造父这一族就改为赵氏，成为了后来赵氏的祖先。

而居住在犬丘的非子是嬴氏的另一支族裔，他喜欢马和家畜，尤其擅长蓄养训练马匹。后来犬丘有人将此事告诉了周孝王，于是周孝王便派他到汧水与渭水之间的地域为自己主持养马的相关工作，在非子的精心照料下，周孝王的马得到了很好的休养生息，种群也得以扩大。周孝王对此十分满意，因此便想奖赏他，周孝王找来了申国的国君申侯，与他商量将非子立为大骆国的继承人。

大骆是造父那一支赵氏的后代，申侯的女儿是大骆国国君的妻子，她的儿子是大骆国的继承人，申侯自然不希望养马的非子取代自己的外孙成为大骆国的继承人。于是申侯对周孝王说："当年我的祖先郦山的女子嫁给了西戎族的胥轩为妻，生下中潏，因为亲缘之故归顺周朝，为大周保卫西部边疆，西部边疆因此和睦太平。如今我又把女儿嫁给大骆国君,生下继承人赵成。与西戎有亲缘关系的申国和大骆国多次联姻,才使得西戎族都归顺大周,您才得以称王。您还是再考虑一下吧。"

周孝王听了此话,为了西部边疆的安定,不好强行废掉申侯的外孙赵成,改立非子。他只好对申侯说:"当年柏翳为舜主管畜牧,牲畜繁殖很多,因此得到了土地的封赏,并赐姓嬴。现在他的后代也为朕蓄养马匹,那么朕也仿照先例分给他土地作为大周的附庸。"于是便将秦地封给了非子做封邑,命他延续嬴氏的祭祀,称之为秦嬴,从此建立了秦国七百年的基业。

到了周厉王时代,由于天子无道、朝政昏暗,故而有诸侯起兵叛乱。西戎趁机起兵造反,攻打周朝的边境,灭掉了犬丘的大骆国。周宣王即位以后,便封秦嬴的曾孙秦仲为大夫,命他前去征伐西戎,谁知秦仲反而被戎人杀死。周宣王命令秦仲的长子庄公召集他的五位兄弟，又派给他们七千兵士，前去讨伐西戎，这次终于打败了戎人，还兼并了大骆国的犬丘之地，成为了西垂大夫。

秦国虽然战胜了戎人，但是并没有杀死他们的首领，于是庄公的长子世父立誓："戎人杀死了我的祖父，我一定要杀死戎王报仇，否则绝不回家。"世父就将太子之位让给他的弟弟襄公，自己筹备攻击戎人之事。襄公与世父不同，他很清楚地认识到，秦国要发展，必须有一个安定和平的外部环境，就得与西戎化敌为友，各安其位。为了向西戎释放善意，襄公甚至在即位以后很快就将自己的妹妹穆嬴嫁给了西戎的丰王。

但是西戎人似乎并不满意，比起与秦国和平相处，他们更加觊觎秦国的土地，于是第二年就派兵围攻犬丘。世父空有一腔热血，却没有足够的实力，他匆匆带兵与戎人作战，反而遭到俘房，一年多后才被放回来。

几年后，周幽王废长立幼、戏耍诸侯，终于导致诸侯叛乱纷起，天下陷入大乱，百姓遭受涂炭。西戎、犬戎勾结了姻亲申国国君一起进攻周朝的边境，一路长驱直入，在骊山杀死了周幽王。秦襄公当此乱世，十分明白此时正是改变自己命运，促成秦国崛起的大好时机。于是他亲率军队到周朝国都来支援，作战十分勇猛得力，立下了不少功勋。

为了躲避犬戎的攻击，周平王即位以后决定将国都迁到洛阳，秦襄公亲自领兵护送，为保护周王、复兴王室立下了汗马功劳。因此周平王亲自将秦穆公封为诸侯，将岐山以西的土地全部封赐给秦国，并允诺说："戎无道，侵夺我岐、丰之地，秦能攻逐戎，即有其地！"周平王与秦穆公立下誓约，并赐予封爵，从此秦国才成为了真正的诸侯国，与其他诸侯互通使节，互致聘问献纳之礼，秦襄公也享有了与其他诸侯同等的待遇。

后来秦襄公的儿子秦文公带兵攻打戎人，将戎人打得大败而逃，于是秦文公按照之前周平王的承诺，将占领之地的周朝百姓收归己有，而领土也扩展到了岐山，而岐山以东的土地则统统献给了周王室。赶走了心腹大患戎人，秦国终于得到了和平稳定的外部环境，军民百姓也终于得以休养生息，秦国从此走上了富强之路。

此后，经过宁公、武公、德公、宣公、成公等数代国君的艰苦努力，秦国先后击败了诸戎人部落，灭掉了周边的小国家，将领土一路向东推进，并将国都迁到了雍邑（今陕西凤翔）。此时，秦国已经占领了关中的大片领土，成为了新崛起的西方强国。

由于秦成公享国不久，去世时虽然有七个儿子但都很年幼，为了避免主少国疑造成国内动乱，甚至遭受其他国家的攻伐。秦成公去世后，没有立他的儿子继位,而是命弟弟任好即位为君,这就是历史上著名的秦穆公。

秦穆公即位时,秦国正处于前所未有的兴旺和强盛,但是其政治、经济、文化等各方面的发展水平仍然无法与中原各诸侯国相抗衡。秦国到底是偏安一隅,满足于做西方强国,还是谋求发展,将矛头对准关中、对准天下,这道路就在秦穆公的脚下。

五张羊皮换一个大夫

秦穆公即位之后，为了密切秦国与中原强国的关系，增强秦国的影响力，便派人向晋献公请求联姻。晋献公见秦国发展得很快，国力蒸蒸日上，也想与这位强邻搞好关系，于是便将自己的嫡女、太子申生的姐姐嫁给了秦穆公。这段婚姻除了令秦穆公娶到了一位娇妻美眷，又与中原强国晋国结成了姻亲关系，更令秦穆公意外收获了一位辅佐他将秦国国力进一步推向顶峰的贤臣百里奚。

百里奚是虞国大夫，晋献公向虞国借道伐虢之后回军灭掉了虞国，百里奚与国君一同被俘，于是百里奚就由一国大夫沦为了奴隶。晋献公答应了秦穆公的求婚之后，就按照当时的礼制为女儿准备了大量的陪嫁，其中不仅包括精美昂贵的各种珍宝器物，也包括很多男女奴隶，而百里奚就被充作了陪嫁奴隶随着出嫁的队伍被送往秦国。

百里奚不堪受辱，在路上悄悄逃走，但是此时百里奚已经年近古稀，行动不便，走到宛地（今河南南阳）就被楚国的农民抓住，又成为了楚国的奴隶。楚成王也不知道这位年迈的奴隶竟然是一位胸中有大丘壑的贤臣，只是听说百里奚擅长养牛，就让他去为自己养牛。

晋献公的女儿嫁到秦国之后，秦穆公听说陪嫁奴隶中有一位百里奚是从虞国俘虏来的贤臣，但是已经逃走,还被楚国人抓住送去养牛,于是秦穆公便想重金为百里奚赎身。但是转念一想楚国人现在不知道百里奚是个贤臣,所以才让他去养牛,如果自己真的花费重金去赎他,就会引起楚王的注意。如果楚王明白了百里奚是个千金难得的贤臣,恐怕就不会送他回秦国了。

于是秦穆公派人出使楚国,对楚成王说:"我夫人的陪嫁奴隶百里奚逃到了贵国,请允许我用五张黑公羊皮来赎他。"五张黑公羊皮是当时买卖奴隶比较正常的价格,楚国人不疑有他,便很大方地将百里奚送给了秦国,当时百里奚已经七十多岁了。

为了蒙蔽楚国人,秦国的使者将百里奚像奴隶一样囚禁起来,待一行人抵达秦国,秦穆公亲自为他解开束缚并谈论国事。百里奚一生大起大落,暮年还沦为了奴隶,已经心灰意冷,便说:"臣是亡国之人,何足国君动问!"秦穆公坚定地说:"虞国国君不听您的建议,这才会亡国,虞国的灭亡并非您的过错。"然后再三以国事相询,百里奚见秦穆公十分诚恳,并没有轻视自己,便滔滔不绝地将胸中韬略一一相告。

君臣二人得遇知音,一起倾谈了足足三天,秦穆公认为百里奚提出的治国之策很适合秦国,于是便要将国家大政托付给他,并封他为大夫。由于百里奚是用五张黑公羊皮赎回来的,而黑公羊皮在当时被称为"羖",因此百里奚在秦国就被称为"五羖大夫"。

百里奚对秦穆公说:"臣的才能不及臣的朋友蹇叔,蹇叔的贤能当世之人无人知晓。我当年在各国之间游历求官,在齐国时遭遇困境,只能乞讨而行,是蹇叔收留了我。因此我就想留在齐国做官,侍奉齐国的国君无知,蹇叔劝住了我,这才没有在后来被无知牵累。后来我又为周王子颓养牛,以此得到王子颓的信任,将要得到重用的时候，又是蹇叔阻止了我让我离开，我这才没有和王子颓一起被杀。后来我到了虞国，蹇叔又劝我离开，我虽然知道虞国国君不听劝告，但仍然为了爵禄地位留了下来。我两次听了蹇叔的话，就得以幸免于难，而这一次没有听他的话，就遭了劫难，因此我知道蹇叔是个难得的贤人。"秦穆公听了百里奚的话，果然派人带上厚礼去迎接蹇叔，封他为上大夫。

据说百里奚年轻时为了周游列国求官，不得不与自己的妻子杜氏分开。百里奚受到秦穆公重用之后，有了自己的府第，常常与同僚们饮宴享乐。一次，百里奚府上又举行宴会，席间还有歌姬献唱，丝竹管弦之声传出很远。一曲终了，却见管家引着一名老妇上前，对百里奚说她擅长演唱，希望能为他献唱一曲。

百里奚越看越觉得那名老妇像自己的妻子，但是夫妻毕竟分别多年，不敢贸然相认，便同意让她演唱一曲。老妇在堂下抚弦而歌：

百里奚，五羊皮。忆别时，烹伏雌，炊扊扅，今日富贵忘我为；

百里奚，初娶我时五羊皮。临当别时烹乳鸡，今适富贵忘我为；

百里奚，百里奚，母已死，葬南溪。坟以瓦，覆以柴，舂黄黎，搤伏鸡。

西入秦，五羖皮，今日富贵捐我为！

听了这首悲戚哀怨的曲子，百里奚再无怀疑，当即起身到当下与杜氏相认。原来百里奚离开之后，妻子杜氏发现自己有了身孕，后来为他生下了一个儿子，起名视，字孟明。由于家境贫寒，杜氏每日辛苦劳作，为百里奚照顾父母、抚育幼子，百里奚的母亲去世后她也无力营葬，只能很简陋地安葬了她。

多年以后，杜氏听说百里奚在秦国得到了荣华富贵，便带着儿子孟明视来投奔他。但是她一个容颜衰老的贫苦妇人哪里能轻易见到秦穆公的新贵、秦国的上大夫百里奚呢？杜氏更加担心百里奚富贵之后就忘记她，不愿意与她相认。为了找机会亲自与百里奚谈清楚，杜氏便设法留在百里奚的府上，做了一名洗衣的仆妇。这次百里奚府上设宴，她才找到机会，将过去的经历编成唱词唱出来，吸引百里奚的注意，来与她相认。

百里奚在秦国得到了国君的信重和大展拳脚的机会，又找回了妻子和儿子，生活得十分满足。从此以后，他竭尽所能为秦穆公出谋划策，帮助秦国提升国力，向中原扩展，在后来秦霸西戎的道路上，百里奚的建议起到了很大的作用。

国君被俘怎么办

晋献公临死之前,将骊姬的儿子奚齐立为太子,并将太子托付给大夫荀息。奚齐继位以后不能服众,大夫里克便联络了一众大臣杀死了奚齐,于是荀息又立了骊姬妹妹的儿子卓子继位,这次里克不仅杀死了卓子,连荀息也一并杀死。

杀死了奚齐、卓子之后,里克等人派人到狄国去迎接流亡的公子重耳回国继位。重耳却认为此时局势未定,而狄国也没有足够的实力作为自己回国继位的后盾,于是婉言拒绝里克说:"我违背了父亲的命令,逃出了晋国,父亲去世也不能以人子之礼回国奔丧,现在我又有何面目回国呢?请里克大夫迎立其他的公子吧。"

使者回去将重耳的话报告给里克,于是里克就到梁国去迎接公子夷吾回国。公子夷吾很高兴,打算回晋国继位,但是他身边的大臣却劝他说:"国内尚有公子可以立为国君,里克却到国外找人继位,其中必定有诈。如今秦国强大,在边疆国家中威望卓著,不如请秦国派兵护送我们回国。"

于是公子夷吾便派人带着厚礼入秦,请求秦穆公派兵护送自己回晋国,并向秦穆公承诺:"诚得立,请割晋之河西八城与秦。"同时又写信给里克许诺:"诚得立,请遂封子于汾阳之邑。"秦穆公听了公子夷吾的条件,觉得很值得,便欣然派兵将公子夷吾送回了晋国,而里克得到了赐予封邑的承诺，也就真心地迎立公子夷吾。在秦国、齐国、晋国三方势力的平衡下，公子夷吾顺利地在晋国即位，是为晋惠公。

但是晋惠公即位之后却过河拆桥，不仅不给里克封邑，反而削他的权力，后来担心里克会勾结流亡在外的公子重耳夺位，干脆杀掉了里克。同时他也不肯按照之前的约定将河西八城划给秦国，于是派大夫邳郑出使秦国，向秦穆公道歉："当初国君将河西之地许给您，现在他有幸得立，本想如约践诺。但是大臣们反对说晋国的土地是先代国君留下来的，国君流亡在外，岂可擅自许给秦国？国君争辩不过，只得派我来谢罪，不能将土地划给秦国了。"

邳郑本是里克的党羽，他出使秦国时听说了晋惠公杀掉里克的消息，一方面为自己逃过一劫而庆幸，一方面又担心自己回国以后会遭遇不测，于是便想借秦国之手翦除晋惠公羽翼，除掉他的心腹大臣吕甥、郤芮。邳郑找到秦穆公说："晋国之人其实不想迎立公子夷吾，而是希望公子重耳回国做国君，夷吾能够即位都是秦国的庇护。现在他违背与秦国的约定，又杀死里克，这都是奸臣吕甥、郤芮的阴谋。您不如用高官厚禄引诱吕甥、郤芮到秦国来，到时候夷吾失去了左右手，您自然可以再扶助重耳回晋国即位。"

秦穆公本就对晋惠公食言而肥的行径深为不满，也看出了晋惠公统治的晋国不会亲近秦国，此时听了邳郑所言觉得有理，果然派人与邳郑一同回国，邀请吕甥、郤芮到秦国来。不过吕甥、郤芮敏锐地觉察到其中有诈，没有轻易上当，他们怀疑邳郑有问题，便请晋惠公杀了他。邳郑的儿子邳豹逃到了秦国，请秦穆公发兵攻打晋国，秦穆公知道邳豹只是想为父报仇，并没有答应他，但是暗地里将他收留在了秦国。

不久以后，晋国遇到大旱，派人来秦国借

粮。邳豹劝秦穆公不要借粮食给晋国，可以趁此机会讨伐晋国。但是百里奚指出百姓无辜，不应因晋惠公的无礼得罪而让晋国百姓无粮食可吃，于是秦穆公便决定借粮给晋国。几年以后，秦国也遇到了饥荒，向晋国借粮。谁知晋国不仅不借粮，反而趁秦国的危机兴兵进犯，秦穆公一怒之下任命邳豹为将军，并且亲自带兵前去还击。

秦穆公与晋惠公的军队在韩地遭遇，晋惠公身先士卒，冲在战阵前列与秦国征战，谁知回来的时候马却陷入了泥坑中。秦穆公见此天赐良机赶紧带领随从护卫追来抓晋惠公，可是为时已晚，反而被晋军围困。多亏了三百名忠于秦穆公的勇士拼死杀入重围，不仅救了秦穆公，还俘虏了晋惠公。

秦穆公带着晋惠公回国，并且一路上宣称要用晋惠公来做祭祀上天的祭品。周天子听说了这件事觉得很不安，认为晋惠公与自己是姬姓同族，应当守望相助，于是替晋惠公向秦穆公求情。

秦穆公的妻子穆姬是晋献公的女儿、晋惠公的姐姐，她听说丈夫俘虏了弟弟，还要押送回国做祭品，心中十分忧虑。于是穆姬破釜沉舟，带了太子罃弘与女儿简璧一双儿女登上高台，脚下铺满薪柴。又派人穿着丧服去迎接秦穆公，告诉他："上天降灾，使秦晋两国不得不兵戎相见，如果您将晋国国君带回秦国，那么我只能自杀以谢，请您决定吧。"

秦穆公本来深恨晋惠公，不愿意轻易放他回国，但是周天子竟然亲自派人为他说情，夫人又以死相挟，心下很是为难。有大臣劝秦穆公说："俘虏了晋国的国君只有以礼厚待，风风光光地将他送回去，才能对秦国有好处，如果杀了他，那么对我们又有什么好处呢？"又有人反对，认为晋惠公不讲信义，放他回去还是会成为秦国的祸患。最后子桑说:"我们现在无力灭掉晋国,如果随意杀死其国君,只能使两国的仇恨加深,相互交恶。为今之计不如将晋国国君放回去,让他们的太子来秦国做质子。"秦穆公同意了。

晋惠公经过这次风波,再也不敢违背对秦国的约定,回国以后赶紧将太子圉送到秦国做质子,而且也不敢再对秦国轻易启衅了。

秦军其实很胆小

由于晋惠公与其子晋怀公双双背叛秦国，秦穆公便扶立了流亡在外的重耳回国即位。在秦国的支持下，晋文公不仅顺利地即位，而且实行了一系列利国利民的政策，在晋文公的治理之下，晋国得到了很快的发展，而晋文公也成为了齐桓公之后的第二位霸主，得到了周天子的承认和各国诸侯的服从。

鲁僖公二十九年（公元前631年），晋文公打算出兵攻打不服从晋国的郑国,于是派大夫狐偃和周天子派来的王子虎、宋国大夫公孙固、齐国大夫归父、陈国大夫辕涛涂和秦国大夫小子憖在翟泉会盟,共同商议讨伐郑国之事。会上决定先由晋国军队于第二年单独出兵攻郑试探情况,于是晋文公便派出军队驻扎在函陵,又邀请秦穆公一起出兵围攻郑国,秦穆公果然应邀派军,将秦军驻扎在氾南。

郑国朝野见秦晋两个大国陈兵城外,无不惊恐万分,以为郑国即将灭亡了。这时郑国的大夫佚之狐找到郑文公说:"现在国家正处于危急存亡之时,请您起用烛之武去觐见秦君,必定可以解此危局。"郑文公此时已经六神无主了,听佚之狐这样说,便亲自去请烛之武出山。谁知烛之武却推辞说:"臣年轻力壮之时尚且不如别人;现在年老力衰,已经做不了什么了。"

郑文公知道烛之武这是在埋怨自己没能早

些重用他，便诚恳地道歉说："我没能及早任用您，现在形势危急才来请求您的帮助，这实在是寡人的过失。不过如果郑国灭亡，对您也是不好的，所以还是请您勉为其难，帮我一次吧。"烛之武见郑文公言辞恳切、神色焦虑，也不忍心看着郑国就此被秦晋两国攻灭，便同意了郑文公的要求。

由于郑国正被围城不敢轻易开城门，于是烛之武只能选择在入夜之后用绳子捆在腰上慢慢地从城头上吊到城外，安全落地之后，就悄悄前往秦营求见秦穆公。见到秦穆公以后，烛之武对他说："秦、晋两国包围郑国，郑国的灭亡已经指日可待，如果灭亡郑国对您有好处的话，那贵军劳师动众一次也是值得的。可是您也明白隔着其他国家占据远方的土地作为边邑是很不容易长久的，您此次出兵的结果无非是灭亡郑国来增加邻国的土地而已。邻国的势力得到增强，就相当于您的势力受到削弱，是为君子所不取。如果您愿意放过郑国，以后您的使者往来东方，郑国必定为您供应其一应所需，这样对您也没有什么害处。何况您曾经赐过好处给晋国国君，当时他答应将焦、瑕两地赠给您，可是他早晨过河回国，晚上就加筑城墙防御您。晋国国君这样的人哪里有满足的时候，如果成功地在东方攻下郑国开疆拓土了，必定会要肆意扩大其西方的疆域。到时候如果不损害秦国，晋国还能到哪里去取得土地呢？要不要为了晋国的利益而做损害秦国的事，请您多加考虑。"

秦穆公听了烛之武的话，觉得从秦国的角度考虑，攻打郑国的确不是好主意，于是便放弃原来的作战计划，转而私下与郑国结盟。另外还留下了将领杞子、逢孙、杨孙帮郑国增强戍守，防御晋军的攻击，而秦穆公自己则带兵返回了秦国。

消息传到晋国军营，狐偃请求出兵追击秦军，晋文公拒绝了他的请求："如果没有秦国的力量我们也不会有今天的地位。依靠了别人的力量，反而倒戈相向，这是不仁；丧失了结盟的友邦，这是不智；用胡乱出击的行动取代整齐划一的计划，这是不武。我们还是撤军回国吧。"晋军撤退以后，为了缓和与晋国的关系，郑文公又立奔晋的公子兰为太子来向晋国示好。经过此事，秦国与晋国的联盟关系开始有了间隙。

留守郑国的三位秦国将领听说郑国反而投靠了晋国，都十分气愤，于是杞子便派人回去告诉秦穆公："郑文公让我掌管都城北门的钥匙，请您悄悄领兵前来，我会打开北门放秦军进去，这样一定可以占领他们的国都。"秦穆公觉得机不可失，便去询问老臣蹇叔的意见，但是蹇叔却对此持反对意见："郑国路途遥远，如果派军去攻打，军队到达以后就已疲惫不堪、力量衰竭。而且行军千里，郑国一定会听说此事，早做防备，到时候我们劳师远征，费力气不讨好，士兵一定有抵触情绪。此事恐怕不行。"

但是秦穆公一心被攻入郑国国都的美好前景所迷惑，根本听不进蹇叔的意见，一意孤行地派孟明视、西乞术、白乙丙三人领军出征。秦军一路向东进发，借道于晋国，然后从周朝都城北门经过，王孙满站在城楼上观察了秦国军队一会儿以后说："秦军轻率冒进而又不懂礼仪，轻率冒进就会有勇无谋，不懂礼仪就会孤立无援，进入险境而孤立无援，自身又有勇无谋，这样的军队怎能不失败？"

不过洛邑城楼上发生的这一幕，秦军的三位将领并不知晓，他们仍在一路进军，不久以后就进入了滑国，这时郑国的商人弦高带着十二头牛准备去周朝都城卖，路上遇到了秦军，听说这样兵强马壮的大军即将去攻打郑国，弦高顿时

柳下惠

和聖姓展諱獲字禽魯人居柳下仕
魯為士師三黜而不去人問之曰直
道而事人焉往而不三黜枉道而事
人何必去父母之邦謚曰惠

十分担忧，经过反复思考，弦高终于想出了一个主意。

弦高带着自己的十二头牛来到秦军大营，自称是郑国国君的使者，秦国的三位将领一听，心下惊疑不定：秦军此次伐郑是要在郑国人不知情的情况下潜入郑国国都，然后由杞子打开北门，放秦军入城，可是如果郑国已经知道秦国大军来攻，岂能再将北门的钥匙交给杞子？这样一来就只能无功而返了。

于是三位将领面面相觑，不知如何是好，只能先将弦高请进大营问问情况。弦高见了三位将领，不卑不亢地一一行礼如仪，然后说："敝国国君听说贵国不远千里前来讨伐，所以派我带了十二头牛来慰劳贵国士兵，敝国虽然人少国小，但也已经认真做了防守和抵御的准备。"

见过秦军将领之后，弦高又赶快派人回郑国报信，郑穆公得到消息赶忙厉兵秣马，做好一切防御准备，并且将秦国之前留在郑国帮助防守的三位将领杞子、逢孙、杨孙赶出了郑国。孟明视知道以后，长叹一声说："郑国已经有了防备，我们如果按原计划攻打必定不能取胜，围而攻之又没有后援，还是撤军回去吧。"就这样，郑国商人弦高凭借自己过人的智慧和胆识，将郑国从又一次的亡国危机中解救了出来。

放虎归山

早在秦军出征之前，老臣蹇叔就曾极力劝谏秦穆公不要出兵，但是秦穆公听信留守郑国的秦将杞子之言，一意孤行地决定劳师远征郑国。受到秦穆公之命率领秦军出征的孟明视、西乞术和白乙丙三人中，西乞术和白乙丙兄弟是蹇叔的儿子，而孟明视正是秦国大夫百里奚之子。蹇叔与百里奚深知秦军此去犯了兵家大忌，必是凶多吉少，于是在送行之时各自挽着儿子的手哀恸不已，大哭着说："孩子呀，我看着你们的大军离开，却看不到你们回来了！"

秦穆公本来兴致勃勃地准备发出大军开拔的指令，却被这两位老臣的哭声弄得心烦意乱，于是很不高兴地说："我派大军出征，你们却拦着军队大哭动摇士气，这是干什么？"蹇叔与百里奚强忍悲痛，止住哭声回答："臣并不敢阻拦军队，动摇士气，只是大军开拔在即，我们二人各自的儿子也即将离开；我们年老力衰，活不了多久，他们回来得晚了恐怕就再不能相见了，因此哀哭。"

蹇叔又私下里交代儿子说："你们的军队就要战败了，到时候晋国人一定会在殽山阻击你们，殽山有两座山陵。南边的山陵是夏朝后皋的坟墓；北边的山陵，是周文王曾经避风雨的地方。你若战死，必定在两座山陵之间，那时我就到那里去为你收尸。"

不管蹇叔和百里奚二人如何再三明示暗示秦军此去必败无疑，但是考虑到有杞子在郑国为秦军做内应，为秦军打开郑国都城的大门，秦穆公还是信心十足地命令大军出发向东而去了。后来秦军在路上遇到了郑国商人弦高，偷袭郑国的阴谋也被识破，秦军无法按原计划进攻郑国，只好悻悻回军秦国，为了不空手而归，他们在路上还灭掉了距离晋国很近的姬姓小国滑国，然后继续向回国必经的晋国进发。

当时晋文公刚刚去世不久，尚未下葬，继位的晋襄公得知秦军劳师远征无功而返的消息，认为这是打击秦军嚣张气焰，巩固晋国霸主地位的大好时机。甚至等不及过了服丧期，晋襄公便用墨将白色的丧服染黑之后联合了姜戎的军队在殽山两座山陵之间设下埋伏。孟明视、西乞术和白乙丙三位将领没有将父亲的警告和嘱咐放在心上，经过这片极易遭到伏击的峡谷时竟然没有提高警惕,轻易地进入了晋军的伏击圈,在晋军与姜戎军队的伏击之下,很快便落得全军覆没,孟明视、西乞术、白乙丙三名将领也被晋军俘获,这就是历史上著名的秦晋殽之战。

孟明视三人既是深得秦穆公信重的将帅,又分别是在秦国位高权重的大夫百里奚和蹇叔的儿子,晋国俘获了他们自然不会轻易放过。一般来说,等待他们三人的命运大概有两种,一则他们身为敌军的将帅,既然不能为我所用,自然也不能放虎归山,留下他朝卷土重来的后患,那么就只能斩草除根,杀之而后快;二则他们身为秦穆公重视的将帅和在秦国手握大权的重臣之子,也可以利用这种价值来与秦国谈判,用他们来换取秦国将一些土地割给晋国。无论怎样,三位秦将做了晋国的俘虏,正常来说都不可能轻易得到释放。

但是,例外总是时有发生,晋襄公虽然雄才

大略，却很容易被别人的言语动摇。晋襄公父亲晋文公的夫人文嬴来自秦国，是秦穆公的女儿，听说秦国最重要的三位大将在殽之战中战败被俘，心中十分担忧。她知道秦国虽然实力骤增，但是毕竟是边陲鄙国，如果三人被杀，对秦国的军事力量和国家实力都是很严重的打击，甚至有可能会造成内乱，便绞尽脑汁思索良策，想让三人能够安然回国。

文嬴想好了办法就去求见晋襄公，并对他说："他们三人为了自己的功名利禄挑拨秦晋两国的关系，我父亲已经恨他们入骨，如果您放他们回国，我父亲一定会十分高兴并且将他们烹杀以泄愤，又何劳您去诛杀他们呢？"晋襄公想了想，不觉得有什么不好，便点头同意了。

后来晋襄公听了先轸之言后又派阳处父去追捕三人，但是此时孟明视等人已经到了黄河中的渡船上，阳处父急切间也找不到渡船追上去将他们抓回来。不过阳处父是一个智计百出之人，他看着远去的船影，灵机一动想出了一个办法。阳处父解下自己乘来的马车在左边驾车的马，冲着船上的孟明视等人大喊："三位请留步，这是国君赠给三位的马匹，请你们上岸来带它一起回秦国去！"

可是孟明视也非有勇无谋之辈，他看透了阳处父不过是想将自己三人引诱回岸上去抓捕，可是也不便戳穿他的谎言，便在船上行礼道："承蒙贵国国君的恩惠，没有杀死我们这些俘虏，允许我们回国领罪，如果国君遵照晋国国君的好意赦免了我们，三年之后我们再来拜谢今日的恩赐。"说完，小舟已飘然远去，一旦过了黄河就是秦国的领土，此一去放虎归山再也追不上了。

三人回到秦国都城时，秦穆公早已得到了消息，亲自穿着素服到郊外迎接，孟明视、西乞术和白乙丙连忙跪下以战败之事向秦穆公请罪。秦穆公将他们一一扶起,然后诚恳地说:"当初是我没有听从蹇叔的良言执意出兵,才使你们几位遭受战败之辱,这是我的罪过,你们三位有什么罪呢?而且我也不能用这一次的过错来抹杀三位以前的功绩和大德,以后还要请你们尽全力辅佐我洗雪这个耻辱。"

说罢,秦穆公便下令恢复孟明视、西乞术和白乙丙三个人本来的官职俸禄,并且没有因为此次战败而疏远他们,反而比以前更加厚待。殽之战的惨败使秦穆公称霸中原的野心冷静了下来,认识到目前秦国的实力并不足以打败晋国,开辟东进之路,于是专心向西开拓,讨伐西戎,在西部边陲开辟了秦国的霸业。

秦穆公的"西进运动"

殽之战的惨败是秦穆公争霸之路上遭遇的第一次沉重打击,因此秦穆公念念不忘要打败晋国报仇雪恨,于是在一年以后又命孟明视率军出征晋国。晋襄公亲自带兵抵御,先且居为中军将,赵衰为中军佐,秦军与晋军在彭衙决战,结果秦军再次被晋军打得大败,丢盔卸甲而逃,晋国人就讽刺秦军为"拜赐之师"。

正当秦穆公因为再次败于晋军之手而一筹莫

展之时，一个向西开拓的契机重青了秦国。秦国的西方生活着许多戎族部落，自秦国分地建国以来就如同噩梦般纠缠着秦国，是秦国发展扩张之路上的心腹大患，也是秦国东进的后顾之忧。戎王听说秦穆公是一个十分贤明英武的国君，担心秦国强大对戎族不利，因此派出大臣由余出使秦国探查情况。

由余到了秦国之后，秦穆公便带他参观自己的宫殿和历代积聚的珍宝财物，由余看了咋舌道："这些宫室积蓄，如果为鬼神所营造，那么鬼神也会劳累；如果是让百姓来营造，那么则使百姓劳苦。"秦穆公听他没有赞美自己宫室华美、积蓄丰厚，反而说自己劳神苦民，觉得很奇怪便问："中原各国借助诗书礼乐和法度处理政务，却仍然不时地出现祸乱，如今戎族没有这些诗书礼乐法度，靠什么来治理国家呢？岂不很困难吗？"

由余的祖先本是晋国人，后来因事逃到戎地避难，传到由余这一代尚时还会说晋国的方言，对于中原各国的情况也比大多数戎人更为了解，所以戎王才会派他来出使晋国。如今见秦穆公问起治国之道，便回答说："以诗书礼乐、法度这些来治国正是中原各国之所以发生祸乱的根本原因。自从上古的圣人黄帝创造了礼乐法度，并亲自带头实践，却仅仅实现了很小程度的治世。

"到了以后的时代，君主日渐一日地骄奢淫逸。依仗着法度的威势来要求和监督臣下与人民，人们因此疲惫至极，就会怨恨君主不能实行仁义之道。到时候主上和臣下相互埋怨不能使自己满意，乃至于篡位弑君、抄灭全族，都是礼乐法度之类种下的祸根。而戎族就不这样治国，戎王怀着淳厚的仁德来善待臣民，臣民则满怀忠信来侍奉君上，治理整个国家的政事就像管理自己的身体一样自然，无须了解什么治国之道，这才是真正的圣人治理国家的方法。"

秦穆公听了低头沉思、默然不语，事后他召来内史王廖请教："我听说邻国有圣人，这是敌国的忧患。如今由余如此贤能，这是我的祸害，我该如何是好呢？"内史王廖考虑了一下，为秦穆公想出了一个办法："戎王地处偏僻，从来没有听过中原地区的乐曲。您可以赠送给他歌伎女乐，让他沉迷淫乐以此消磨他的壮志。然后替由余向戎王请求推迟回国的时间，以此来疏远他们君臣之间的关系；这边同时留住由余不送他回国，让他不能按时回国。戎王一定会觉得此事有蹊跷，从而怀疑由余。他们君臣之间有了隔阂，就可以打败戎族了。更何况戎王喜欢上音乐，就一定没有心思处理政务了。"

秦穆公听了内史王廖的计策，觉得十分有理，便决定依计而行。于是秦穆公设下筵席宴请由余，并破例将二人的座席相连以示礼遇，并与他推杯换盏其乐融融地饮宴。酒过三巡，秦穆公开始向由余询问戎族的地形和军事实力。由余见秦穆公如此盛情款待，也动了心思，便把戎族的情况一一详述给秦穆公，宴罢，秦穆公又命令内史王廖选了十六名歌伎送给戎王，戎王欣然接受，从此沉迷女乐不理政事，都不顾及游牧迁徙之事，导致牧草枯竭，牛马死了一半。

秦穆公见时机已经成熟，这才放由余回国，由余见戎王玩物丧志，再不复当年雄姿英发的英主模样，急得多次进谏，可是戎王任何忠言都听不进去，反使由余十分恼愤无奈。秦穆公得知戎王与由余君臣二人已生间隙，便数次派人秘密邀请由余来秦国，由余知道戎王已经无可救药，自己在戎地也不会再有什么作为，于是只好离开戎族，归顺了秦国。秦穆公见由余来归十分高兴，以宾客之礼极尽礼遇，并且就进攻戎族之事咨询由余。

戎王已经壮志消磨，终日沉迷于逸乐，秦穆公去了心腹之患，便再次派遣孟明视等人率军进攻晋国，秦军渡过黄河以后就将过河用的渡船付之一炬，以示不胜晋军绝不复回之意。有了这样破釜沉舟的勇气，又不再有后顾之忧，秦军果然将晋军打得大败，攻取了晋国的王官和鄗地，为殽之战的惨败报了仇，附近的晋国军队固守城池，不敢出战。

于是穆公就从茅津渡过黄河，为当年殽之战中死难的秦军将士筑坟，大举发丧，亲自痛哭三天。秦穆公还在军前发誓："将士们！不要喧哗，听我向你们发誓：古人做事咨询参考老年人的意见，就不会有什么过错。我反复思考自己当初不听蹇叔、百里奚之言，故而在此做这样的誓言，让后代都能记住我的过失！"有识之士听说这件事，都感动落泪说："秦穆公待人周到，终于得到了孟明视等人大胜晋军的喜庆。"

大胜晋军之后,秦穆公又挟大军之威攻打了西方的戎族,增加了十二个属国,开辟了千里疆土,终于在西戎地区成为了一代霸主。周天子还派了召公过带着钲、鼓等指挥军队作战的器物到秦国去赐给秦穆公,作为对他打败戎族的贺礼。

交交黄鸟，三良从葬

秦穆公能够称霸西戎，与他广揽贤才、知人善任、宽以待人有很大关系。《左传》对秦穆公的评价是："秦穆公之为君也，举人之周也，与人之一也。"也就是说，秦穆公作为国君，选拔人才考虑全面，结交人才真心无二。帮助秦穆公成就霸业的两位大夫孟明视和子桑一个努力不懈，而且懂得居安思危；另一个忠诚不二，善于识人、举荐人才，《左传》评价他们二人："'夙夜匪解，以事一人'，孟明有焉。'诒阙孙谋，以燕翼子'，子桑有焉。"正是由于秦穆公能够根据人才各自擅长的才能任用他们担任不同的官职，才能开辟一番霸业。

秦穆公不仅善于知人、用人，更善于用宽仁之道来结纳人心。有一次，秦穆公丢了一匹难得的骏马，便亲自带人去寻找，谁知找到岐山附近却发现三百多个老百姓已经抓了这匹马分吃掉了，只剩下一副骨架。秦穆公的随从见状便打算将吃马的人抓起来治罪，那些人看到马的主人竟然是国君，都十分害怕。

秦穆公却阻止了自己的随从，反而还说："君子不应当因为牲畜的原因而伤害人，我听说吃好马的肉如果不喝酒会出人命的。"随即命人赐酒给他们喝，这些吃了马的人见国君并没有怪罪自己，反而还如此关心自己的身体，赏赐美酒以防自己伤身，都十分感激秦穆公的恩德。

后来秦穆公率军与晋惠公在韩原大战,这些吃马的人也参加了军队随秦穆公出征。战阵之中,晋惠公脱离本军出战,秦穆公见机不可失,连忙也轻骑追赶,谁知反而被晋军主力追上,陷入了重围,形势十分危急。那三百多名吃马的士兵听说国君被围,想起秦穆公的恩德,纷纷拿着武器,并且大喊着"可以出死报食马得酒之恩矣"为秦穆公拼死作战,不仅为秦穆公解了围,还俘虏了晋惠公回国,为秦国在与晋国的外交中造就了优势地位。

自商朝以后,西周、春秋战国时期,乃至于秦朝都一直流行殉葬习俗,《墨子·节葬》中曾经提到:"天子杀殉,多者数百,寡者数十;将军大夫杀殉,多者数十,寡者数人。"可见殉葬制度在春秋战国时期的流行程度和殉葬人数之多,这与古代人的世界观、生死观和"事死如事生"的态度有关,秦穆公虽然爱惜人才、知人善用,但是也并不例外。

一次秦穆公举行宴会招待群臣，君臣之间其乐融融地饮酒，很快就酒至半酣，秦穆公看到堂前人才济济，共同开创霸业，前景一片光明，于是便很开心地说："生共此乐，死共此哀。"子车氏的三位贤臣**奄息**、**仲行**、**针虎**也在宴会之中，他们本来就对秦穆公十分忠心，听见秦穆公此言便轰然应诺，表示愿意与秦穆公生死与共。

鲁文公六年（公元前621年），一代霸主秦穆公去世了，秦国此时国力正盛，秦穆公又是十分有为的国君，秦国便为秦穆公大办丧事。殉葬之人多达一百七十七人，这是自西周以来有记载的殉葬人数最多的一次。子车氏的奄息、仲行、针虎也慨然践诺，以自杀来为秦穆公殉葬。秦国人对子车氏的三位贤臣也自杀殉葬十分悲痛，便作了一首诗来哀悼他们，这就是《诗经·秦风》中的《黄鸟》：

交交黄鸟，止于棘。
谁从穆公？子车奄息。
维此奄息，百夫之特。
临其穴，惴惴其栗。
彼苍者天，歼我良人。
如可赎兮，人百其身！

交交黄鸟，止于桑。
谁从穆公？子车仲行。
维此仲行，百夫之防。
临其穴，惴惴其栗。
彼苍者天，歼我良人。
如可赎兮，人百其身！

交交黄鸟，止于楚。
谁从穆公？子车针虎。
维此针虎，百夫之御。

临其穴，惴惴其栗。

彼苍者天，歼我良人。

如可赎兮，人百其身！

当时的有识之士对此论道："秦穆公虽然开疆拓土，称霸西戎，在东方也与霸主晋国相抗衡，但是他没能在有生之年成为诸侯的霸主，并非偶然。以前的先王去世，还给后人留下了治世之法，但是秦穆公死后不仅抛弃了自己的子民，甚至还夺走了国家的人才。《诗经》说：'人之云亡，邦国殄瘁。'这就是说国家的人才已经很少了，为什么还要夺走人才去殉葬呢？"

《左传》则对三良从葬一事评论道："上古时期的王者知道自己寿命将尽，就会拣选人才、树立风气，将自己的经验著录成册，为后人制定法度、设立表率来引导他们，给予他们法度规制，告诉他们先王的遗训典章，委任他们一定的职务，让他们注重因地制宜、顺其自然，让人民都信赖他们，然后自己才会撒手而去。而现在秦穆公既没有学习上述圣王的做法，为子孙后代留下法则，反而将贤臣良将用来为自己殉葬，有识之士从他的做法中就可以看出秦国以后不会再有实力向东征伐了。"

历史的发展证实了《左传》的断言，由于秦穆公死后将优秀的人才用来殉葬，他的子孙也大都庸庸碌碌没有大的作为。秦国的蓬勃发展随着秦穆公的去世而戛然而止，终春秋之世，秦国都没能在风起云涌的诸侯国间的政治舞台上有过上佳的表演。

筚路蓝缕，楚国源起

随着社会的发展、历史的进步，中原周边的地区也逐渐发展起来，除了秦国在西方称霸，南方也崛起了一个足以称霸的大国——楚国。顾名思义，楚国就是在南方荆楚之地建立的国家。在远古时期，氏族间征战不断，旧氏族消亡、新氏族兴起。一个强大而稳定的族群，需要经历长时间的融合才能够形成，更遑论发展壮大成为"国家"这一最高统治形式。而楚国,也是远古先民历经长期磨合,在荆楚地区形成有共同语言、经济生活、文化和心理素质的族群的基础上,又经过长时间发展,最终成型的国家。

楚国兴起于春秋初年,位于中原以南地域。楚国的祖先可以上溯至黄帝之孙颛顼。颛顼是"五帝"之一,又称为高阳氏,因而楚人屈原在其《离骚》中自表:"帝高阳之苗裔兮。"颛顼以下代代相传,依次诞生了称、卷章、重黎。重黎作为颛顼的曾孙,担任帝喾高辛氏的火正,掌管宗教。重、黎本来是两个氏姓,因氏族发展融合而合并为一。重黎担任火正,具有取火存火以照明天下的能力,因而又被赐名为"祝融",乃是"大明""光明正大"之意。重黎在共工氏叛乱中被帝喾委任平叛,但执行不力,没有将叛军赶尽杀绝,因而触怒了帝喾,招来杀身之祸。重黎死后,他的弟弟吴回接任了他的职位,仍为火正,仍被称为"祝融"。

吴回之子名为陆终,陆终又生六子,分别是昆吾、参胡、彭祖、会人、曹姓、季连。几个儿子的名字都与其所封之地有关。季连姓芈,是楚国王族的先祖,他的后人或散落在各个城市,或远赴边远地区,史书中记载寥寥,无法详细得知。不过以族裔中其他分支的命运作为参照,昆吾和彭祖的后代也都一度兴盛,然而先后为商汤、商纣所灭。而楚国先人各个族裔在当时频繁的部族争战以及强势的商朝不断挤压中向南迁移也属正常行为。

直到商末周初,季连的后人中有一支叫作鬻熊,鬻熊一方面依附于当时已经风雨飘摇的商纣王朝,另一方面大力支持新兴的周朝,为西伯姬昌出谋划策,后来在周文王的朝中成为元老重臣。这样的荣耀,在很大程度上提高了族群地位,并在后世很长时间成为了楚国赖以生存和谋求发展的政治资本。

鬻熊的后人熊绎所处的年代是周成王时。熊绎本身立有功勋，加之祖上又是有功之臣，因而被成王赏赐一块封地，位于南方，定都于丹阳，也就是现在的湖北秭归，这就是楚国最初的雏形。事实上，这次封赏的象征意义远大于实际意义，这意味着楚国作为一个诸侯国的存在得到了周天子的承认。除了熊绎之外，当时共同侍奉周成王的还有鲁公伯禽、卫康叔子牟、晋侯燮、齐太公子吕伋等人，这也初步体现了以周成王为中心的诸侯分布情况。熊绎得到的封地，面积虽然不大，质量却极高，首先它处于三省交界之处的战略要道，地理条件优越；其次地势平坦，土地肥沃，可以说极尽地利，为楚国的生存发展创造了重要的先决条件。

然而楚国和周王朝并不是铁板一块，原因在于周王朝始终把楚国当作"蛮夷小邦"来对待，虽然承认其存在，却不给予相应的尊重和政治地位。楚国国君在天子会盟的时候只是被喊去做一些杂务，却无法列席诸侯，这对于楚国而言无疑是一种屈辱，于是楚国对周王朝心怀不满也就自然而然了。而周王朝对迅速兴起的楚国也采取提防打压的政策，甚至数次出兵劫掠征讨楚国。不过楚国羽翼渐丰，已非吴下阿蒙，在面对周王朝的讨伐时非但没有吃亏，还屡屡取胜，把周朝打得没有还手之力，不仅丧失了"六师"，连国君（周昭王）都"客死"。

周夷王姬燮主政天下的时候。在这期间，因为周王室进入了衰退阶段，诸侯国纷纷怀有不臣之心，而各诸侯国发展的不平衡导致互相讨伐的事情很多。楚国的掌控者，熊绎后人熊渠此时也发展了自己的势力，发兵攻打周边小国，将土地扩张到江汉流域，通过一系列政策，得到了民众的拥戴。熊渠的扩张，使得楚国占据了庸、杨粤、鄂等地，这些地方盛产粮食、铜矿，这为楚国经济、军事实力的壮大提供了有力保障。

楚国势力的增强，使得熊渠的底气越来越足，他不满周王朝给他的封号名分，于是封自己的长子熊毋康做句亶王，次子熊红做鄂王，幼子熊执疵做越章王，都属于自立名号，分布在长江沿岸楚国边远地区。

周厉王即位后，十分暴虐，熊渠担心楚国安危，便放弃了自封的这些名号。熊渠死后长子熊毋康继位。毋康早死，熊挚红即位，但是他的弟弟熊延杀了他篡位。熊延生下了熊勇。熊勇六年，周厉王因其暴虐无道遭到国人讨伐，最终不得不出逃而走。自这一年后，楚国有了较为明确的历史纪年。

四年之后，他的弟弟熊延接替了他，十年后卒，其长子熊霜继位。熊霜死后，他的三个兄弟为了争夺王位互相残杀，最终季徇胜出，是为熊徇。熊徇去世后熊咢继立，之后是熊仪继立，即为若敖。

在这期间，周王朝由周宣王执掌大局。周王朝和楚国战事不断，互有胜负。通过一件事可以看出楚国已经进入了周宣王的政策重心之中，这就是周宣王把申伯迁移到了谢邑，建立申国，以防楚国入侵。申国的建立，的确起到了遏制楚国的作用。

周宣王死后，其子周幽王即位，就是一手炮制了历史上著名的"烽火戏诸侯"的昏君，在其失信于天下的那一刻起，他的悲剧命运就此注定了。若敖即位二十年以后，也就是公元前771年，周幽王姬宫湦死于犬戎的叛乱，周王室向东迁徙，西周就此灭亡，东周时代开始，然天下已乱，周王室日渐式微。

七年之后，若敖也去世了，熊坎继立，称为霄敖。六后卒，熊眴继立，是为蚡冒。蚡冒死后，其弟熊通杀死了他的儿子，篡夺了王位。熊通上位后，自立为楚武王。楚国此时已经在若敖、蚡冒的励精图治下发展多年，兵强马壮。楚武王接手的可以说是一个冉冉兴起的南方国家，已经初步具备一统江南的资本。武王对内进行政治治理，对外进行征讨，不断拓宽疆土，使楚国得以进一步强盛。在其长达五十一年的执政生涯里，楚国处于一个前所未有的安定局面，在政治、经济等各方面奠定了春秋大国的基础。

荆楚第一王

楚武王接手楚国的时代，对于各个诸侯国而言，既是一个最好的时代，也是一个最坏的时代。周朝由盛转衰，对诸侯的控制力度逐渐削弱，各诸侯国可以伺机发展壮大自己，甚至从周王朝那里占得便宜。然而，各个国家因为地利、人和等因素不同导致了彼此间发展的严重不平衡，大国吞并小国，强国吞并弱国。身为国君者绝不敢掉以轻心，带领国家在动荡不安的大环境中艰难地求生存、谋发展。

各国内部也不平静，国家的发展扩张会带来相应的权力分化，利益分配的不均导致内部矛盾的滋生，当矛盾无法调解时，就会发生亲族残杀的事情，以这样的方式完成权与利的洗牌和再分配。代价就是国家在激烈的内耗中动荡不安、停滞不前。例如，晋国五侯被弑；鲁国，公子翚弑鲁隐公；郑国，庄公克段于鄢；齐国，公孙无知、连称、管至父三人弑齐襄公。

反观楚国，内部政治局面相对稳定，楚武王权力集中，手下亦有能人襄助，在经济、文化方面发展平稳。外部扩张并不激进急躁，充分消化占领的版图，使其真正成为生产力的有效构成部分。

至于"武"这一名号，《谥法解》中说道："刚强直理曰武。"充分体现了楚武王的个性特点和执政风格。这一封号并非受赐于周天子，而是武王自封。武王三十四年，楚国兵进随国。之所以选择随国，原因有三：一是随国在楚国周边小国中实力较强，攻下随国，可以对其他小国形成威慑；二是随国骄傲自大，引诱其炫耀武力，可以让周边小国感到不安，形成离间效果，便于日后楚国对它们的拉拢蚕食；三是随国也属姬姓，打击随国，就是灭周朝威风。

当楚国大军逼近随国时，随国派其少师来与武王谈判，申辩自己并无罪过。楚王回应，说楚国意在为安定中原略尽绵薄之意，希望随国国君可以在周天子前请托，为楚王谋求封号，随国少师允诺，楚王随即退兵。少师回国后，以楚军队形散乱、军容不整为由，力劝随君追击，大臣季梁劝阻道："楚国正值天命相向，军容混乱乃是诱敌之策，王侯何必心急？小国能够抵挡大国，在于小国有道而大国无行。有道指忠于民而信于神。朝堂之人,心念百姓;祭祀巫使,名正言顺。然而如今百姓冻馁,巫使胡言,国家如何得以成事?"

随君问道:"用于祭祀的牛羊肥壮质优,谷物丰富,如何不是忠信呢?"季梁对曰:"民为神之主,古之贤君皆以民为先,随后乃顾神灵,祭祀时说'牛羊肥壮'意为百姓富庶;说'谷物饱满'意为无灾无祸;说'酒甜而美'意为人心无邪。但现在人心丧乱,神灵无主,纵使君王富有,何福之有?君侯若修明政治、促进和睦、亲善友邦,方可避祸啊。"随君采纳了谏言,没有追击楚军,内修政治,外铸国防,楚国短期内也未敢再犯。但是随国国君的请托被周天子严厉拒绝,楚王愿望落空,愤懑之下,自尊为王,称号曰"武"。

然而楚国的称霸之路并非一帆风顺，鲁桓公八年（公元前704年），楚武王在沈鹿举行会盟，在周边国家中，只有随国与黄国没有来。武王一方面派薳章去谴责黄国，另一方面出兵亲征伐随。随君不听良将忠言，反而采纳少师浅薄之语，贸然出兵。楚、随二国会战于汉、淮之间，随军大败，国君溃逃，少师遭俘，不得不罢战求和，与楚国签订城下之盟。经此，楚国名动四方。

一年之后，巴国遣使来到，说愿帮助楚国结识邓国，希望借此能和楚国通好。楚国于是派使者和巴国使节一同赴邓。然而在邓国境内竟然遭到劫杀，二人均遭毒手。楚国问责，邓国推脱不肯认错。于是楚国联合巴国共同发兵，攻击邓国。邓军三次进击巴军皆不得手，楚军将领大夫斗廉将楚军匿于巴军之列，诈败引诱邓军追击，待其孤军深入后合围，邓军不敌。

鲁桓公十一年（公元前701年），楚国又挫败了郧、随、绞、州、蓼五个小国合力攻打自己的阴谋。屈瑕、斗廉二人，在未将局势报予楚王、没有请求援军的情况下，兵分两路，前者抵御四国联军，后者突袭郧国都城，大获全胜，并成功与贰国和轸国缔结盟约。次年，为报复绞国，楚国讨伐绞国，利用绞国急躁轻浮、贪图小利的心态，采用诱敌策略，攻破了绞国的城池。

但是楚国的胜利并没有一直延续下去，两年以后，此前战功累累的屈瑕领兵攻打罗国，过往不断的胜利麻痹了他的心性，让他变得骄纵狂傲、刚愎自用，在军队渡河之时不加提防，遭到突袭，惨败，缢于荒谷之中以谢国人。这一败严重挫伤了楚国的锐气，打击了楚国的国力，导致楚国在以后数年都处于休养生息之中，停下了外扩的脚步。

鲁庄公四年（公元前690年），此时楚国已经养精蓄锐十年，农业、手工业、军力都稳中有升。特别是在军备上，大力发展戟兵，利用戟作为矛、戈复合体既能刺又能砍的特点研发出了新的作战阵形——"荆阵"。同年，随侯迫于周天子压力，为自己承认楚王的自封而赔礼认错，这触怒了武王，并惹来了兵祸。

楚王年届七十，仍要率军亲征。临行前忽感心神不宁，遂问于夫人邓氏，夫人叹道武王年岁已尽，命不久矣，感到心神不安乃是祖宗召唤，率军出征凶多吉少，能保大军不失已是幸事。武王不从，执意亲征，途中病发死于树下。

楚军秘不发丧，仍大举开向随国，把随国围得水泄不通。随君心知不敌，只得再度求和，领军将官屈重便以武王名义在汉水转向之地与之相见会盟，随后方才回军。待到楚军回归境内，才发布消息，举国治丧，并由楚文王继位。

武王在位五十余年，将楚国由一个地方性强国，治理成能够称霸一方、震慑诸侯并觊觎中原乃至撼动周朝的大国。在他的领导下，楚国屡战屡胜，吞并疆土，成为江南地区名副其实的霸主。

当了诸侯王也得挨鞭子

楚文王名为熊赀,和乃父一样,也是一位很有作为的君王,为楚国的发展壮大起到了决定性作用。

文王即位之初,由于国富民强,军力强大,一批忠臣良将辅佐,执政压力不大。加之中年即位,为储多年,从事事小心的生活中方才解脱,所以并不励精图治,而是耽于享乐,沉浸在安逸之中。例如,他曾经携犬带弓远赴云梦泽游猎,整整三月一去不返；再如，广征丹阳美女以充盈后宫，纵情于声色之中，沉浮于脂粉之畔，不理朝政，任由国事荒废。

于是老臣太保申和大将鬻拳进宫进谏，并以先王遗命为由要鞭笞文王以示惩戒。文王以自己出生便受赐位列诸侯，此时又贵为一国之君，不能受鞭刑之辱为由，请求太保申网开一面，换一种刑罚方式。但太保申执意不从，文王无奈，只得趴在枕席之上受刑。太保申并未真打，他手持荆条束鞭，高高扬起、轻轻落下，仅数下之后便止。

文王认为在先王英灵注视之下受此可有可无之刑，心中顿感不安，便说即已蒙受鞭刑之名，不如真打一顿反倒痛快。太保申回答说，对小人应令其受皮肉之苦，对君子则应让其感到内心羞赧屈辱，否则皮肉之苦又有何用？若大王仍不得醒悟，为臣之人实在是愧对先王嘱托，只得以死谢罪了,言罢自请死罪,意欲投河。文王急止猛省,遂杀狗、折弓、遣散美女,专注于修补朝政、巩固民生以报先王之志。留下一段"受答纳谏"的佳话。

文王即位后做出了一个战略性决策,把国都从丹阳迁到了郢。这一举措的意义在于体现了楚国外扩思路的延续性,楚国经过武王时期的对外用兵,在江南之地已经无可匹敌,寻求逐鹿中原的途径是其新阶段的必然选择。在战略重心已然北倾的情况下,就需要寻找新的大本营,同时,还要保持对南方固有版图的控制。因而迁都,则成为了适应楚国新的国情,解决楚国发展需要的重大决定。

郢城地理位置极佳,南有长江天堑为屏,西通巴蜀之地,东望吴郡、会稽,北向中原,陆路、水路四通八达,进可入主中原,退可据守一方。更兼地势高耸,保证汲水却无须担忧洪涝,是发展民生、保障后方稳定的绝佳场所。楚文王迁都的决策，确保了楚国后面将近四百年的繁盛。对于郢城的确切位置，历来众说纷纭，一说位于湖北江陵南部，又说在湖北宜城西，还有人认为其实所属两地，但都叫郢。

文王沿袭先王对外兼并的脚步，挥师进军申国。申国，以周为姓，也是周天子的分封地，作为周天子在江南楚地钳制楚国的重镇，楚文王几近周折，终于灭申。由于邓国地处于楚国和申国之间，是楚文王大军往返的必经之地，加之文王母后，也就是武王的王妃邓曼是邓国人，于是在文王班师路过邓国时，邓国国君设席宴款待文王。邓国的贵族们苦劝国君借此机会除掉文王，但国君不从，认为不能行此不义之举，由此放虎归山。文王回国后不久，就再度出兵把邓国灭掉了。

楚军之所以无往不利，一方面仰仗于国力

的强大和军备的雄厚，另一方面，也有赖于治军之严明。有一则故事可以体现这一点，楚国伐邓途中，文王命令两位王子革和灵外出侦察，二人在野外遇见一位乞讨老翁，于是抢掠欺侮了他。文王得知此事，欲斩二人。

王公贵族们纷纷劝阻，认为因如此小事就处以极刑太过严厉。但乞讨老翁在营门外大喊说楚军因邓国残暴于是征讨，但楚国公子肆意欺凌老弱，岂不是说明楚军更为无道！文王感慨讨伐残暴的义军如果自己也残暴无行，则算不上安民；仗着身强力壮欺侮年迈之人，将来无法教育后代；宠溺子女，因私废公，无视法度，则不能治理国家；庇护子女伤害国政更万万不可。文王于是斩杀二子以正军法。

楚国攻灭申、邓、吕诸国，是其扫清门户、打通称雄中原的必为之举。彼时，中原大地格局区趋于明朗，齐国在管仲的治理下，经过改革，生产力大大提高,经济、军事实力日渐雄厚。外交上与宋、陈、郑等中等国家结盟,形成了强大的军事势力。楚国要想入主中原,齐国及其盟友是其无法忽视的存在。而欲与之一战,必须尽可能地扫除一切对自身不利的因素。楚国周边的小国,论实力虽不能对其造成威胁,但楚国还没强大到可以在无视它们的前提下与强大对手一决高下。吞并这些小国,既可以扫除后顾之忧,又能够壮大自身实力,还可以将这些小国具有的地理优势据为己有,因而楚国必须攻灭它们。

楚文王将汉水以东之地尽数收归版图之中,又趁息、蔡两国不睦而借机吞并,这件事在中国历史上已经超越了单纯史实的内涵而拓展到文化层面,息夫人的凄绝命运也引发后世之人反复为之感叹吟咏。

楚国终于可以直面中原,文王选择了郑国作为首个攻讨对象,理由是郑厉公复辟"缓告于楚",以此向以齐国为首的中原各路诸侯发出宣言。楚国伐郑,是这个南方大国第一次和中原诸侯正面交锋,正式拉开了齐、楚争霸中原的大幕。

向北开拓

鲁庄公十年（公元前684年），就在楚国野心勃勃，为进军中原做着最后的准备工作时，一个不经意的机会，降临到了文王面前。位于淮水一带的息国和位于汝水一带的蔡国发生了摩擦。起因源于息、蔡二位国君都娶了陈国国君的女儿为妻，蔡国国君娶的是大女儿，而息国国君即将与小女儿，也就是后来的息妫完婚。息妫出嫁时途经蔡国，蔡国国君认为息妫是自己夫人的妹妹，于是就没有按照息国夫人的规格礼遇进行招待，并且举止颇为轻浮，着实激怒了息国国君。

息国国君决定报复，便使人拜访楚文王，请求楚文王出兵攻打息国，由息国向蔡国求救，这样就可以给楚国攻灭蔡国制造口实。这正中了楚文王的下怀，于是很快答应了息国的请求。

楚国随即出兵，在这一年的九月份大败蔡国军队于莘地，并且俘虏了蔡国国君献舞。对于楚文王而言，这次战役的意义不仅在于挫败了蔡国，更是释放了一个政治信号，就是楚国有决心，也有能力进军中原。在孔子编选的《春秋》更是把这件事作为楚国走向强国的分水岭，并从这一年开始，正式将楚国列入记载对象，其原文曰："楚辟陋在夷，于此始通上国。"

蔡国国君惨遭被俘之辱，更得知这件事的始作俑者是息国国君，而起因在于息妫夫人，内心自是痛恨不已，处心积虑想要报复。恰好蔡国国君知道楚文王喜好女色，于是就借机向楚文王夸耀息妫夫人的绝世美貌，竟然使得楚文王在尚未与之谋面的情况下就心旌摇曳，向往不已。

蔡国国君见文王心动，便进一步怂恿挑唆，令楚王决意采取行动。楚王便以巡游狩猎为借口，带着大军"不经意"间路过了息国。息国国君不明所以，还十分高兴，设宴款待，席间令息夫人出来相见。楚王得见息妫真颜，方知蔡侯所言不虚，次日，以答谢为名，将息国国君骗出宫来，设伏击杀了他，遂侵入宫中，将息夫人强掳回国。

息妫自有倾国之貌，犹若桃花盛开，令楚文王心醉神迷，将其封为"桃花夫人"。息妫在文王宫中，一住三年，为文王诞下两个儿子，一曰熊囏，一曰熊恽，熊恽就是后来的楚成王。

虽然多子多福，但息夫人并没有感到快乐，因为她始终忘不了自己作为息国夫人的原有身份以及国破家亡的痛苦经历。整整三年，息夫人没有和楚文王说过一句话。楚文王问她何故如此，她回答说自己一个妇人家，生不能侍一夫，死不能殉一主，为人至此，还有什么可说的呢。楚文王对其内心怨怼心知肚明，于是拿蔡国为其平复心情，鲁庄公十四年（公元前680年），楚国出兵，将蔡国彻底变成了自己的附庸。

"桃花夫人"的故事源远流长，人们在为其凄绝动人而感喟时，也对息夫人的命运有着不同的思考和见解。唐人王维在其诗歌《息夫人》中写道："莫以今时宠，能忘旧日恩。看花满眼泪，不共楚王言。"在王维眼中，楚王因贪恋美色而行不义之举，通过残暴的方式毁人家庭，甚至认为以今日荣华富贵的恩宠可以让息夫人忘却过去，无疑是无德无行而又愚蠢可笑的。而息妫夫人虽身处楚宫，却时时心念旧人，虽然身不由己，但却在绝望与哀痛之中坚守内心的忠贞，实在是有贞有烈的典范了。事实上，息夫人在楚国灭蔡，为息国国君报仇之后，便以自尽的方式，追随夫君而去。

然而另一位唐代诗人杜牧对此有着不同见解，他在诗中写道："细腰宫里露桃新，脉脉无言几度春。至竟息亡缘底事，可怜金谷坠楼人。"杜牧暗讽息夫人红颜祸水，惹得国破家亡，自己却没有立刻自尽以谢，反而选择偷生，实乃可悲可恨。

然而，无论是王维还是杜牧，似乎都忽略了楚国灭息、蔡二国的根本原因。楚文王志在中原，而息、蔡二国又是楚国走向中原必须迈过的门槛，两国所在的汝水、淮水领域乃是楚国挥师北上和东进的咽喉之地，必须抢占先机。楚国灭息、蔡之后，以两地为重镇，特别委派官员进行镇守管理，并将其地位拔高到中央直属辖区，足见两地的战略地位。

因而不论以何种借口，息、蔡二国必是楚国的囊中之物，这一命运不会改变。而"桃花夫人"不过是楚文王战略决策下的额外收获罢了，她的存在，只能是被强行拉上前台的小小注脚，而不会成为决定历史大势的原因，这可以算是息夫人的又一种悲剧吧。

楚文王生命中最后一次征战并没有以完美告终。早在武王时期，楚国就已经征服了权国，并派人管理，无奈权人叛变，事件平息后，武王将之迁移，另派大夫阎敖治理。后来，楚国与巴国联合攻打申国时，阎敖与巴国将领不睦，巴国军队随之进攻阎敖治下权人的居住地，阎敖败逃，被文王处死，他的族人于是联合巴国共同对抗楚国，甚至打到国都周边。

鲁庄公十八年（公元前676年），楚国出兵平息事态，反遭大败，文王仓皇逃回。但是城中守将鬻拳认为国君惨败逃回实在有辱国威，拒绝开门放行，楚王只好挥师攻打黄国，得胜班师。在归国途中，楚文王染病，不治身亡。遗体回国之后，鬻拳将其安葬于王陵，然后自尽而亡，追随文王而去，不负自己一生忠臣之名。

楚文王在位十四年，基本实现了武王"欲观中国之政"的志向。他攻灭了息、蔡、申、邓诸国，打通了楚国通向中原的康庄大道。其迁都决策，为楚国数百年的国富民安提供了有力前提，并使楚国在未来的争霸中占据了先机，体现出了一个伟大国君的远见卓识。清人顾栎高说："楚横行南服，由丹阳迁郢，取荆州以立根基。武王取罗、鄀，以鄢郢之地，定襄阳以为门户，至灭申，遂北向以抗衡中夏。"准确概括了楚国在文王治下的发展轨迹，也是楚文王一生励精图治、奋斗不息留下的功绩和遗产。

不纳谏我就杀了你

从敢于拒绝为兵败逃回的楚文王开门一事上可以看出,楚国的大夫鬻拳是一个性情刚烈,敢于以下犯上、直言进谏的忠臣。也正是有这样一批臣子的存在,楚文王才能在做决策的时候避免冲动和错误,带领楚国行进在正确的轨道上。

鬻拳是楚国宗室的后裔,在楚文王麾下为官,他为人忠直,一心为国,追随楚文王,死而后已。在他的一生中,有两件事情体现了其为人之耻和为臣之正。

一是在楚王伐息灭蔡时期。楚文王借口蔡国出兵救息而攻破蔡国，将蔡哀侯献舞俘虏回国。哀侯献舞觉察到了楚、息两国的图谋，顿时火冒三丈，大骂息国国君狠毒、楚文王无道。楚文王岂能忍受如此侮辱，于是决定将蔡哀侯大锅烹煮以祭祀太庙。

鬻拳审时度势，心觉不妥，于是进谏楚文王。他对楚王陈述了他的观点，认为不能因为蔡侯的无礼就用这种残暴的方式处死他，因为楚国即将进入中原，在军事征伐之外还需要尽可能地争夺中原诸多小国的支持。所以应当放过蔡国国君，并与之结为盟友，这样既能壮大自身实力，又能留下一个楚文王宽厚开明的形象，为楚国日后外交打下良好基础。

鬻拳的分析入情入理，楚国作为中原大地的后来者，各方面条件都不如其最大的潜在对手齐国有利。齐国经营多年，在中原打下深厚根基，与其他各国往来呼应，形成军事联盟。楚国处于以一敌多的状态，在日后的争霸中必须分化齐国阵营，结成自己的联盟与之抗衡。然而楚文王尚未正式进入中原，就留下残暴无道的恶名，会使诸侯国对楚国望而却步，甚至因此投入齐国阵营之中，壮大敌人势力，给楚国的扩张带来无穷威胁。楚文王为解一时之恨，却可能留下如此大的后患，着实是不智之举。

楚文王对此未必不是心知肚明，然而身为王者的威严不可侵犯。如若已经身为阶下之囚的蔡哀侯都敢如此放荡恣肆，那今后还有谁会把文王放在眼里呢？于是文王并不理会鬻拳的苦苦进谏，执意下令将蔡哀侯牵出，投入沸腾的油鼎之中。

鬻拳见文王一意孤行，不免急火攻心，国家的利益和君王个人的意气此时产生了尖锐的冲突，作为臣子更不能失去原则，必须要做出有利于君且有利于国的抉择。鬻拳无奈之际只好出此下策，他持刀上殿，将刀刃横在楚文王的脖子上，怒目圆睁，威胁说宁愿君臣二人共赴黄泉，也不愿君侯行此不义之事让君王失信，国家蒙羞。

文王见鬻拳如此坚持，又惊又惧，只得收回成命，饶恕了蔡哀侯。随即，鬻拳弃刀跪于文王面前请死，说文王肯听从谏言是国家之福，为臣者对君王进行横刀胁迫是大不敬，因此请求领罪受罚。文王惊魂甫定，却并不以为忤，言鬻拳一片忠心，行此激进之举也是事出有因，故可赦其罪过。

鬻拳却坚持己见，并于众人面前，持斧自刖双膝，并说绝不敢自赦己罪，大呼若有为臣者无视君臣之礼可以以此为鉴。楚文王大惊，急命救起，后将鬻拳斩下的双腿奉于太庙以自省。鬻拳已是残废之人，被委任守卫城门，这于鬻拳而言，可以说是无上的荣誉了。

另外一件事情，则发生于文王率军平息巴国和阎敖族人联合叛乱之际。巴国与楚国曾是盟友，却一直貌合神离，更在两军共同征讨申国时矛盾公开。由此裂隙越来越大，终于在鲁庄公十七年（公元前677年），巴人作乱，攻击大夫阎敖属地，阎敖仓皇奔逃回国都，却被文王处以极刑。阎敖族人惊怒之下遂联合巴国军队共同反抗楚国，声势浩大。

楚文王率军平乱，不想因骄纵轻敌惨遭败绩，自己更是身负箭伤，只得且战且退，意欲撤回都城再整旗鼓。谁知文王历经艰险来到城下，却被守门人鬻拳拒之门外，鬻拳以为楚军自文王继位以来战无不胜、攻无不克，却在弱小的巴国面前吃了大亏，实在有损颜面。而文王作战失败，大军铩羽而归，非但不思反败为胜之策，反倒争相进城，想要避而不出，羸弱至此，楚国颜面何在！于是鬻拳执意不肯开门，并要求楚文王带兵攻打实力不强的黄国，好歹讨得一场胜利，班师回国。

楚文王纵有雷霆之怒也没有办法，只好调转马头，率领大军攻向黄国，虽然楚军新败，但余威尚存，稳稳拿下战斗，挽回颓势，可以昂首挺胸开回国境之内。然天意难测，文王不幸染病，竟然不治身亡，死于军中，对黄国的胜利，为其累累功勋画上了一个圆满句号。

噩耗很快传到国内，鬻拳陷入自责之中，他将文王拒之门外，逼迫其操劳征战，无疑对文王的病逝负有难以推卸的责任。鬻拳安葬文王于王陵，随后自尽，以示忠心。

纵观鬻拳一生，为臣不负忠君之职，为人不负内心本性，可谓无憾。鬻拳之直谏，形式之激烈，意图之坚决，纵观中国历史，亦属罕见，既体现出了为臣之忠信,更体现了为臣之艰难。古之忠臣,动辄落入信而见疑、忠而被谤的境地,原因在于他们往往徘徊于"忠于君"和"忠于国"之间。一俟君王昏庸,"君"与"国"二者之间就会出现尖锐的对立,而臣子此时则会陷入两难之中,往往酿就悲剧。以鬻拳之耿烈,非但未遭文王见弃,更能身负英名而终,这不能不说是一种幸运,同时也体现了楚文王的贤达。

第四章

问鼎中原,一鸣惊人的凤鸟

不鸣则已，一鸣惊人

楚文王去世后，他的儿子熊恽即位为楚成王，在他的统治下，楚国吞并江汉流域的许多小国，成为南方大国。后来，楚穆王即位，进一步吞并南方小国，并把势力向中原地区延伸。穆王因是害死父亲之后即位的，所以他在位期间，楚国内部分裂严重。楚穆王去世以后，楚庄王即位。他是春秋时期继齐桓公和晋文公之后的一位新霸主。

楚庄王即位之初，晋国趁着楚人国丧，与宋、鲁、陈、蔡等七个国家订立盟约，重新坐上了盟主的位置。面对这一情况，楚庄王并没有去与晋国一争高下，而是过起了骄奢淫逸的生活，连续三年不理政事，不出号令，整日寻欢作乐。他十分讨厌大臣入谏，下令："敢前来劝谏者，死！"

后来，有个叫伍举的大夫看不惯君王所为，冒死前来劝谏。据《史记》记载，伍举进谏时，楚庄王正左抱郑姬，右抱越女，面前宫廷乐队演奏，歌姬舞伎环绕。伍举看到这种情景，虽心怀不满，却也并没有直接发作。他沉住气，问庄王："有鸟在于阜，三年不飞不鸣，是何鸟也？"庄王听出他是来劝谏的，却并没有发作，只是告诉他："三年不飞，飞将冲天；三年不鸣，鸣将惊人。"

但是，出人意料的是，接下来的几个月，楚

庄王依然如故，没有做出丝毫改变，甚至更加过分地耽于逸乐。这时，另一个大夫苏从忍不住也前来劝谏。他做好了被处死的准备，只求"杀身以明君"。却没想到楚庄王这次听从了他的建议，马上着手开始整顿内政。他罢免了一批无能的营私之辈，提拔了一批忠君爱民的官吏，伍举、苏从也在提拔之列。

即位之初，楚庄王之所以不问政事，沉湎酒色，并不是一味淫乐，而是借酒色的外衣伪装自己，在静默中观察着周围的一切。君王昏庸时，小人的丑恶面目更容易暴露出来。他借着淫乐辨明忠奸，为"一飞冲天"做足了准备。接着，这位雄心勃勃的国君就开始了他对外称霸的旅程，楚国很快就成为可以与晋国这样的大国匹敌的国家。

平定了若敖族的叛乱以后，楚国令尹子越椒被杀。孙叔敖在这时候登上了楚国的政治舞台。他是个很有才干和魄力的人，祖父蒍吕臣曾经是楚成王的令尹，父亲蒍贾曾任楚国司马，被子越椒所杀。父亲被杀害以后，他跟随族人逃难到期思。据《淮南子·人间训》记载，他曾"决期思之水，而灌云雩之野"。关于孙叔敖如何当上令尹，有很多传闻。《吕氏春秋》认为他与沈尹茎交好，楚王要封沈尹茎为令尹，沈尹茎向他推荐了孙叔敖。而《史记》则记载孙叔敖是被虞丘子举荐的，虞丘子辞掉相位，让孙叔敖取代了他。

孙叔敖治理楚国期间，一方面实行以教化为主，刑罚为辅的治国模式，"施教导民，上下和合"；另一方面又"奉旨循理，恤人体国"。司马迁在《史记》中说，法令是用来引导人民的，刑罚是用来禁止奸佞之人的。他认为"奉职循理，为政之先；恤人体国，良史述焉"，并列孙叔敖为"循吏列传"之首。《吕氏春秋》中有"荆王于是使人以王舆迎叔敖，以为令尹，十二年而庄王霸"的记载，由此足见孙叔敖在治国方面的卓越能力。

孙叔敖为楚国制定了健全的典章制度和法令法规，但是他也不是一味地重刑罚、轻德教。孙叔敖做楚国令尹时，"择楚国之令典，军行，右辕，左追蓐，前茅虑无，中权，后劲，百官象物而动，军政不戒而备，能用典矣"。健全的法律制度使楚国上下，军、民、农、商都有法可依，各司其职。在他的治理下，楚国人民生活安定，国势也越来越强大，楚庄王一步步成为一代霸主。孙叔敖做令尹以后，"钟天地之美，收九泽之利，以殷润国家，家富人喜，优游乐业"。

孙叔敖为楚庄王成就霸业做出了巨大贡献，除了在治国方面的成就之外，他在其他方面也成就显著。晋楚邲之战中，在楚庄王前去迎敌、群龙无首时，他下令楚军进攻晋军，使这场在楚庄王争霸过程中极为重要的战争取得了胜利。另外，他还兴修水利，除了早期在期思修建的灌溉工程外，他还在江陵境内修建了许多大型水库。

他还曾派人修筑沂城。沂城是楚国北进的基地，沂城的修筑使楚国在与晋国征战方面实力增强，为楚国与晋国的抗衡准备好了条件。据说楚庄王曾经认为楚国的钱币太轻，因此要求在铸币的时候，改铸更大的重币，然而百姓生活中却用不到那么大额的钱，因此觉得十分不便，严重影响了社会经济生活。

于是孙叔敖便向楚庄王进谏，请求去重币，楚庄王接受了他的谏言，又将钱币恢复成了原来的形制，人民的生活很快又恢复了正常。楚庄王准备举师伐晋，称对进谏的人杀无赦。孙叔敖冒死进谏，最终"楚国不殆，而晋以宁"。在孙叔敖的治理下，楚国国力得到快速发展，"不鸣则已，一鸣惊人"的楚庄王很快便坐上了霸主的宝座。

两千年前的一场模仿秀

虽然楚庄王并不是一位天生的明君、从不犯错的圣人,但是由于他自己虚心纳谏,又有一批善于用巧妙方法向他建言献策的臣子,因此楚庄王十分善于发现和改正自己的错误,当时楚国的宫廷艺人优孟就是其中之一。优孟是荆州人氏,以优伶为业,他身长八尺,擅长辩论,经常用婉言隐语进行劝谏。

据传,楚庄王有一匹马,由于深得宠爱,经

常穿着华美的绫罗绸缎。庄王让它住在豪华的宫殿里面，专门为它准备了一张特制的床。那匹马每天以枣脯为食，由于生活太过安逸，后来变得非常肥胖，得病死掉了。痛失爱马的楚庄王十分伤心，命令朝中大臣为马服丧，并打算用棺椁来装殓，依照大夫葬礼的规格来厚葬这匹马。朝中官员都觉得这么做太过分，争相前来劝谏。庄王看到劝谏的大臣，非常生气，下令说："谁再敢为葬马的事情前来劝谏，马上处死！"

优孟听说了这件事，就前来劝谏。他走进宫殿，仰天大哭。楚庄王看到他之后很吃惊，问他为什么这样大哭。优孟哭着告诉他："这匹马是大王最心爱的东西，楚国堂堂大国，国富民强，要什么没有呢，大王却只是用大夫的规格来安葬自己最心爱的一匹马，太薄待它了。我觉得大王您应该用君王的规格来厚葬它。"

楚庄王听了以后，问道："那应该怎么办才

好呢？"

优孟说："它所用的棺材应该是用刻有花纹的美玉做成的，所用的外椁是用纹理细致的上好梓木做成的，用梗、枫、豫、章等贵重的木材做护棺的题凑。挖掘坟墓时，应该派上几千名士兵，老人和小孩都要去背土筑坟。下葬时，要让齐国和赵国派来的使者在前面陪祭，韩国和魏国派来的使者在后面护卫。入土之后，还要为它建立祠庙，祭祀它时，用太牢礼，并下令让一个万户的城邑专门负责供奉它。诸侯各国听说这件事情之后，肯定都会知道大王把人看得非常卑贱，却把马看得非常贵重。"

楚庄王听了之后，感叹道："天啊，我竟然错到这种地步！依你之见，现在我应该怎么办啊？"

优孟告诉他："请大王允许我用对待六畜的方式来下葬它。用垅灶做外椁，用大铜锅做棺材，拿一些姜和枣来调味，再在里面加一些木兰。用稻草做祭品，用火光做寿衣，把它埋葬在人们的肚肠中。"

庄王答应了优孟的请求，派人把马交给了负责膳食的太官，并告诉朝中官吏，让他们不要把他原来厚葬马的想法宣扬出去。

当时楚国的令尹孙叔敖很看重优孟，知道他是个贤人。孙叔敖得了重病，快要死去时，嘱咐他的儿子说："如果我死了之后，你因为失去依靠而变得很穷困，可以去找优孟。你就告诉他，你是孙叔敖的儿子，他肯定会帮助你的。"

过了几年之后，孙叔敖的儿子果然变得非常穷困，靠帮别人背柴维持生计。有一天，他遇见了优孟，并告诉他："我是孙叔敖的儿子，我父亲去世前曾嘱咐过我，如果有一天生活贫困，度日艰难，就去拜见优孟。"优孟看了看他，对他说："你待在家里等我的消息，别出远门。"

之后，优孟就回家了。他找人做了一套类似孙叔敖以前所穿的衣服帽子，自己穿戴上，然后开始模仿孙叔敖的言谈举止。练了一年多以后，他变得与孙叔敖非常相像，连楚庄王和朝堂上的大臣都分辨不出来。

有一天，楚庄王摆了宴席，优孟又穿上了孙叔敖那样的衣服前去参加。他上前向庄王敬酒祝寿时，庄王吃了一惊，以为是孙叔敖复活了，要重新封他为令尹。优孟对庄王说："请大王准许我回去与妻子商量一番，三天之后，再回来做令尹。"

三天之后，优孟又来了。楚庄王问他："你妻子怎么说的，同意吗？"

优孟回答他说："我妻子不同意我做令尹，她认为楚国的令尹不值得做。"庄王表示不理解。优孟告诉他，他妻子认为，孙叔敖做楚国的令尹时，忠诚廉洁，兢兢业业，尽职尽责，鞠躬尽瘁，为庄王成为一方霸主做出了巨大的贡献。然而，他死了以后，他儿子却穷困潦倒，连立锥的地方都没有，整日只能靠帮别人背柴来维持生计。如果像孙叔敖那样，还不如现在就自杀呢。

接着，他又唱道："住在乡野之中，以耕田为生，生活赤贫，连温饱都难以维持。出去做官，本性贪婪的人如果不顾廉耻，拼命为自己积聚财富。自己死后，家室虽然能够变得富足，但是却又害怕这样为非作歹，贪赃枉法，最终会犯下大错，招致杀身之祸，到时候，家室也会因为遭到牵连而被诛灭。由此可见，贪官是不能做的。想做个清正廉洁、奉公守法的清官，一生都不为非作歹。可是清官又哪里值得去做？楚国宰令尹孙叔敖，一生清正，坚持廉洁的操守至死不渝，现在他的妻儿不是照样穷困潦倒，靠背柴艰难度日吗？由此可见，清官也不值得做！"

楚庄王听了优孟的话，非常惭愧，马上向优

孟道歉，并召见了孙叔敖的儿子。他下令让寝丘的四百户人家来供奉孙叔敖的祭祀，孙叔敖的妻儿生活有了保障，香火传了十代都没有断绝。孙叔敖的远见和优孟的智慧从这里可见一斑，正是因为有了这样才智过人的臣子和敢于又善于指出国君之失的子民，楚国才得以日渐兴盛，甚至有了问鼎中原的野心和实力。

问鼎中原

鲁文公十六年（公元前611年），楚国遭遇罕见天灾，举国上下闹起了饥荒。此时，庄王虽然已经开始振作，但是奈何楚国国力比较弱小。看到楚国遭遇饥荒，周边的少数民族就趁机前来寻衅。最先是山夷侵扰楚国边境，刚刚把山夷赶走，庸人就率领部下背叛了楚国，同时，麇人率领百濮聚集在选地，准备讨伐楚国。这时，楚国可谓内忧外患，前途十分凶险。

在如此形势下,楚庄王很快集中兵力,开始应对。为了避免北方诸侯的袭击,北部边疆的北门都关了起来。一些大臣建议迁都,蒍贾却觉得此时不能退让示弱。他认为只要坚决抵抗趁饥荒前来讨伐的麇与百濮,这些人很快就会自动退去,他主张讨伐庸人。

楚庄王接受了蒍贾的建议,半个月后,百濮不战而退,这样,楚国面临的敌人就只剩下庸了。楚庄王很快就决定举兵伐庸,这是他第一次带兵打仗。初次交战时,庸人占了上风,庐戢黎在攻打庸的方城时,被庸人活捉。三天后,庐戢黎归来,向楚庄王提出退兵的建议。楚国大臣师叔对此表示反对,他认为应该趁势而进,如果向庸示弱,之后的战役会更加艰难。同时,他又向楚庄王提出了骄庸的战术,楚庄王接受了他的建议。之后,在与庸师交战时,楚庄王七次佯败,庸人果真狂傲起来,觉得楚师不足为惧,放松了警惕。楚国很快就一举消灭了庸。

周边平定之后,楚庄王开始举兵北上。此时,晋国为中原盟主。鲁宣公元年(公元前608年),楚国攻打陈国,晋国派赵盾前去救陈。楚国没有与晋国正面交锋,而是转过头去攻打宋国,晋国又跟着去救宋。楚师解围而去,还是没有与晋作战。后来,晋国攻打亲楚的郑国,楚庄王派蒍贾前去救郑,晋楚交兵,楚师活捉了晋国大将解扬,晋国遭遇兵败。

晋国举兵伐秦,希望逼迫秦国求和,以借助秦国的力量与楚国进行对抗。然而,这种计划却没有获得成功,秦国依然不肯与晋交好。在晋楚争霸上,楚国一直占据上风。鲁宣公二年(公元前607年)春,楚庄王命郑国公子归生讨伐宋国,宋国大败。为了给宋国雪耻,当时作为盟主的晋国联合陈、卫、宋等国讨伐郑国。楚庄王派子越椒救郑,双方还未交战,晋军就撤退了。

鲁宣公三年（公元前606年），楚国的国势已经十分强盛。楚庄王率军讨伐陆浑戎，为了向周王室炫耀兵力，他故意把军队开到了周王朝的都城洛邑。当时，周定王刚刚即位，看到来势汹汹的楚军，定王连忙派大夫王孙满前去慰劳。一见面，楚庄王就开始询问周九鼎的轻重大小。面对楚庄王昭然若揭的野心，王孙满不满地说："成就霸业主要是看才德，而不是九鼎。"楚庄王威胁他说："你不要阻止我去观看九鼎，没什么稀奇的，我们楚国将士折下钩上的喙，就足够铸成九鼎了。"

面对楚庄王的威胁，王孙满丝毫也不畏惧，他训斥道："你已经忘记了九鼎的来历吗？夏朝繁盛的时候，远方的诸侯前来臣服，九鼎就是用他们贡献的铜铸成的。九鼎上绘有九州的山川物产，它象征着天下。后来，夏桀昏庸无道，鼎就迁到了商朝。又过了六百年，商纣荒淫暴虐，鼎又迁到了周朝。政德清明，鼎虽小却也不能被人搬走；国君无道，鼎再大也难以长久保存。周王朝定鼎中原，是上天的旨意。如今，周朝的德义虽然日渐衰微，但是天命还未改变，你怎么敢问鼎的轻重呢？"

王孙满拿出天命，对楚庄王进行驳斥，暂时打消了楚庄王对鼎的觊觎之心。可是，周王室利用一个大夫的言辞来消灭楚国气焰，虽然能求得一时安稳，但是由于本身德义渐衰，虽天命未改，在强大的楚国眼里也没有权威可言了。楚庄王虽未直接对周王室动武，却也不再把它放在眼里。

命中注定的事

子越椒，人称斗椒，字子越，一字伯棼。他是若敖氏的后裔，若敖是楚国的先祖，就是西周末东周初时楚国的国君熊仪。熊仪继承君位之后，便开始称为"若敖"，这是楚国历史上第一位有专门称谓的君王。熊仪娶䢵子之女为妻，后来生了斗伯比，斗伯比以若敖为氏。他的封地在斗邑，所以也是斗氏之祖。

斗伯比生了后来任楚国令尹的子文、子玉

和任司马的子良。子玉在伐陈过程中立下了很大的功劳,子文把令尹的位置让给了他。子文的儿子叫子阳,后来子阳也做了楚国令尹。子良的儿子是子越椒。子越椒刚出生的时候,子文前去庆贺,看到他之后非常吃惊,说他身形如虎熊一般,声音像豺狼一样,并告诉子良,他看上去有狼子野心,不可以养下来。

子良不忍杀掉自己的儿子,就没有听从子文的建议。子文一直认为若敖氏一族最终会毁在子越椒手上,直到临死前还很不放心。临死前,子文把若敖氏族人聚集起来,告诉他们,如果有一天子越椒执政,让他们赶紧离开楚国,只有这样才能避免被子越椒牵连,并感叹道:"鬼需要有人时常祭祀一些食物,若敖氏家族的鬼以后恐怕要挨饿了。"

子越椒长大以后,非常骁勇,很善于统兵打仗。三十年前晋、楚两国在城濮交战时,子越椒跟随叔父子玉参与了这场战役。交战中，晋文公兑现了多年前流亡楚国时许下的诺言，主动向后退了三舍之地。子玉不顾楚成王之前的告诫，率军贸然向前推进，被晋军从两翼攻打，最终遭遇兵败。楚军这次失败使若敖氏与楚国其他贵族之间的矛盾被激化。然而值得一提的是，子越椒在这次战役中的表现可圈可点。

蔿贾，字伯嬴。子文任楚国令尹时，阅兵只用一个早晨，也不经常惩罚士卒。让位给子玉以后，子玉阅兵用了一整天，惩罚了多个士兵。许多老臣向子文道贺，说他知人善任，子文和子玉都非常高兴。在一边观看阅兵的一个年轻人非但不道贺，还嘲讽了子玉一顿，说他既不懂治国，又不懂用兵，带兵超过三百乘就肯定要吃败仗。这个不怕虎的初生牛犊就是蔿贾。

楚穆王在位的时候，多次派子越椒出使各国。子越椒的蛮横性格逐渐暴露出来，态度经常非常倨傲，令人不快。后来，子阳做了令尹，此时，子越椒是楚国的司马，蒍贾是工正，工正是一种掌管百工的官职。子越椒对子阳不满，若敖氏家族内部发生分裂。鲁宣公四年（公元前605年），蒍贾诬陷子阳，子阳被处死，子越椒被任命为令尹，蒍贾接替他成为司马。子越椒执政之后，楚庄王借助蒍贾、屈荡、子重等人对子越椒进行分权。野心勃勃的子越椒对此颇有微词，就在当年，他依靠本族人的力量在楚国城邑轑阳囚杀了曾经为他诬陷子阳的蒍贾。

杀掉蒍贾之后，子越椒骑虎难下。当时楚庄王正带兵北伐，子越椒趁他身在中原，发动了叛乱。他驻军椒野（今河南新野），阻止楚庄王回国。因为子越椒反叛较为突然，楚庄王有些措手不及。起初，作为缓兵之计，他打算向子越椒求和，抓了楚文王、楚成王和楚穆王的儿子作为人质去同子越椒谈判，子越椒却断然拒绝了。他已经做好了武装较量的准备，在漳澨摆好了战场等着与王师决战。

当年七月，楚庄王带领的王师与子越椒带领的若敖氏在皋浒进行了一场殊死较量。子越椒连续两次将箭射向楚庄王，庄王侥幸避过。王师看到来势汹汹的叛军，心里有些害怕，有退却的趋势。为了稳定军心，楚庄王急忙派人去巡视军队，并散布自己编造的一个谎言。这个谎言就是子越椒之前所用的两支箭都是偷王室的，当年楚文王攻克息国之后，获得三支神箭，其中的两支被子越椒偷走，现在两支箭已经用完了，他们再没什么可怕的。

王师军心稳定之后，战斗力骤然上升，众将士一边擂鼓，一边前进，若敖氏一族大败，子越椒及其同族许多人都被诛杀。当时楚国的刑罚制度与中原诸国一样，实行的都是连坐、族诛，然而子文的孙子克黄却侥幸逃过一劫，没有被楚庄王诛杀。这是因为子越椒叛乱的时候，时任箴尹的克黄作为楚国使者正在出使齐国。

在返回楚国的路上，经过宋国时，克黄听到了子越椒带领若敖氏发动叛乱的事。他的随从都劝告他暂时先不要回国，克黄却认为自己奉王命出使齐国，如今面对族人叛乱，如果因为害怕受到牵连而不肯回国，是违背出使之命的。如果他现在因为畏祸而不回国，四处流亡，是没有国家会尊重和接受他的。

出于这样的考虑，克黄以君命为重，回到了楚国。一到郢都，他就主动请罪伏法。楚庄王看到克黄不畏生死，为了向他复命而坚持回国，又联想到他的祖父子文为楚国的强盛而做出的努力，觉得克黄跟子文一样都是忠诚而正直的人。所以，他最终决定赦免克黄，让其免遭连坐。

楚庄王自即位以后，这是他所面临的最大的

一次内部危机。平定若敖氏一族的叛乱，铲除子越椒，消除了楚国王族中的大族对楚庄王王权的威胁。之后，没了后顾之忧的楚庄王开始一心对外争霸。

新一任霸主又出炉了

春秋时期,晋楚两国的争霸非常激烈,处在两个大国之间的许多小国如陈、郑、宋、蔡等都经历了十分惨烈的战祸。这些小国作为两个大国的附属,没有能力自保,一般是争霸的两方哪方处于上风,就归附于哪个国家。作为晋楚争夺的重点,这些国家总是战火不断。

楚国陷于内乱时,原本归附于它的陈国在晋国的武力胁迫下背楚向晋。楚庄王平定叛乱之后，就带兵去陈国兴师问罪。陈国在楚国的威胁之下，又不得不背弃与晋国的盟约，重新与楚国结盟。陈国虽屈服于楚国，楚庄王却还是不放心，甚至想把陈国变成楚国的一个县，幸亏被楚大夫申叔时劝阻，陈国才保留了下来。

郑国作为一个比陈国国土面积大的国家，在晋楚争霸中所受的战祸更为严重。从公元前608年到公元前596年，仅晋国就五次对其用兵，楚国更是七次讨伐郑国。十三年中，郑国几乎年年遭遇战祸，最严重的时候甚至遭到两个大国的夹攻。

鲁宣公三年（公元前606年），晋国因为郑国背晋向楚而对郑国进行讨伐，晋军一直打到郔地，郑国为求自保，无奈之下与其讲和。当年夏天，楚国就派兵前来问罪。鲁宣公十年（公元前599年），郑国在楚国的武力威胁下与楚国讲和，很快，晋国又联合宋国、卫国、曹国对其进行讨伐，郑国又只好背楚亲晋。当年冬天，楚国就又来讨伐。

夹在晋楚两个大国之间，郑国从楚会遭到晋国攻打，从晋则会遭到楚国攻打，无奈之下，郑国大夫子良提出了"与其来者"的方针，这其实是一种顺风倒的政策，不死守与哪方的盟约，谁带兵来攻打就向谁献上一份礼物，表示服从。子良所提出的墙头草策略是郑国在那种形势下求生存的上策。

郑国这种巧妙的周旋政策得到了晋国的默许，然而楚国对此却表示十分不满。郑楚结盟之后，楚国看到郑国依然与晋国来往密切，就向郑国发起了进攻。鲁宣公十二年（公元前597年）春天，楚军包围了郑国国都。被围困了三个月后，郑襄公见晋国还是不肯出手相救，就只好亲自到楚军中去讲和。最终，两国订立盟约，襄公的弟弟子良被送到楚国去做人质。

郑国已经兵败投降，晋国才派荀林父带三军前去救郑。晋军行至黄河，得知郑楚讲和的消息。荀林父准备回师，中军副帅先縠却坚决不同意。他认为要保持晋国霸业，就必须与楚国决战。先縠的行动得到赵括、赵同的支持，他带领自己所属的部队渡过黄河，准备去攻打楚军。荀林父意识到，如果先縠失败，他作为主帅要承担全部责任，而全军渡河，如果失败的话，责任则是众将分担，于是便也跟着渡了河。

楚庄王在攻下郑都之后，正打算班师回朝，却听到了晋军渡河的消息。楚国大臣伍参看出晋军内部不和，主将荀林父没有威望，觉得这是一次战胜晋军的好机会。楚庄王采纳了伍参的意见，在管地安营扎寨，等待着晋军的到来。其实，楚庄王虽明白这是战胜晋军的绝佳机会，却不愿意与晋军交战，他两次派人与晋军讲和。荀林父同意与楚军讲和，无奈部下已被先縠扰乱，根本不肯听从他的指挥。

这场战争以晋国战败而告终。这是晋楚争霸以来，晋国所面临的最为惨重的一次失败。楚庄王这次出征本来是为了讨伐郑国，却没想到会意外收获了一个如此大的惊喜。邲之战的胜利一雪三十五年前，楚国在城濮与晋国交战时，遭遇败兵的耻辱。纵览邲之战的全过程，晋军失败并非偶然。晋军内部不团结，将领各怀异心，主帅荀林父毫无威望，不能服众，又无指挥才能，在战场上对敌人竟不设防。

然而，邲之战中尽管遭遇失败，但晋国的元气却并未受到挫伤，只是盟主的地位稍稍动摇。之后，晋国依然有能力与中原诸侯进行争夺。邲之战的失败暴露出晋国内部潜伏的重重矛盾，这次战役是晋楚争霸的一个转折点，自此之后的二十余年中，楚国在争霸中一直占据上风。